Introduction

Alicante, une ville située sur la côte sud-est de l'Espagne, est une destination magnifique connue pour ses belles plages, sa riche histoire et sa culture dynamique. En tant que capitale de la province d'Alicante, cette ville animée offre un mélange parfait de charme espagnol traditionnel et d'équipements modernes, ce qui en fait un lieu de vacances idéal pour les voyageurs de tous types. Avec son climat méditerranéen doux, Alicante est une destination populaire toute l'année. De son littoral pittoresque à sa charmante vieille ville, il y en a pour tous les goûts dans cette ville animée. Que vous recherchiez la détente sur la plage, l'exploration de sites historiques ou la délicieuse cuisine espagnole, Alicante a tout pour plaire.

Dans ce guide de voyage à Alicante, nous explorerons les principales attractions, activités et lieux incontournables de la ville. De l'emblématique château de Santa Bárbara à la magnifique promenade Explanada de España, nous vous fournirons toutes les informations dont vous avez besoin pour profiter au maximum de votre voyage à Alicante. De plus, nous nous plongerons dans la culture locale, la cuisine et la vie nocturne pour vous assurer de vivre une expérience inoubliable dans cette ville captivante.

Histoire d'Alicante

Alicante est une ville située dans la Communauté valencienne d'Espagne et possède une histoire riche et diversifiée qui remonte à des milliers d'années. La région est habitée depuis la préhistoire et des traces d'anciennes civilisations peuvent être trouvées dans toute la région.

Les premiers colons de la région d'Alicante étaient les Ibères, un groupe de personnes qui habitaient la côte orientale de la péninsule ibérique. Ils ont établi plusieurs colonies dans la région, dont une ville connue sous le nom d'Akra-Leuke, considérée comme le précurseur de la ville moderne d'Alicante. Les Ibères étaient connus pour leurs techniques agricoles avancées et leur savoir-faire artisanal, et ils ont laissé derrière eux de nombreux artefacts qui offrent des informations précieuses sur leur mode de vie.

Au IIIe siècle avant JC, la région fut conquise par les Carthaginois, qui établirent une colonie dans l'actuelle ville d'Alicante. Les Carthaginois étaient de grands marins et commerçants et utilisaient leur nouveau territoire comme base pour leurs activités maritimes. Cependant, leur règne fut de courte durée, car la région fut bientôt conquise par les Romains.

Sous la domination romaine, Alicante prospéra et devint un port et un centre commercial important. Les Romains ont construit un certain nombre de structures impressionnantes dans la région, notamment une forteresse pour protéger la ville des envahisseurs et un réseau de routes pour relier Alicante aux autres parties de l'empire. L'influence romaine est encore visible dans la ville aujourd'hui, car de nombreux bâtiments et monuments anciens ont été bien conservés et constituent des attractions touristiques populaires.

Au VIIIe siècle après JC, les Maures, un groupe de colons musulmans d'Afrique du Nord, envahirent la péninsule ibérique et fondèrent une nouvelle civilisation connue sous le nom d'Al-Andalus. Les Maures ont régné sur Alicante pendant plusieurs siècles et leur influence est encore visible dans l'architecture, la cuisine et la culture de la ville. À cette époque, Alicante est devenue connue sous le nom de « Laqant » et a prospéré en tant que centre de commerce et d'industrie, avec un certain nombre de routes commerciales importantes traversant la région.

Au XIIIe siècle, le royaume d'Aragon, dirigé par le roi Jacques Ier, lança une campagne pour reconquérir la péninsule ibérique aux Maures. En 1246, Alicante fut finalement libérée de la domination maure et devint partie intégrante du royaume de Valence. La ville a connu une période de croissance et de prospérité rapides sous la domination aragonaise, et de nombreuses structures qui existent encore aujourd'hui à Alicante ont été construites à cette époque.

Cependant, la prospérité de la ville fut de courte durée, car elle fut bientôt frappée par une série de catastrophes naturelles, notamment des tremblements de terre, des inondations et des incendies. Au XVIe siècle, la ville fut également en proie à des attaques de pirates et d'autres forces hostiles, ce qui entraîna un déclin de sa population et de son activité économique.

Au XVIIIe siècle, Alicante connaît un renouveau, en partie grâce à la croissance de ses industries maritimes et agricoles. La ville est devenue une plaque tournante majeure pour la production et l'exportation de produits tels que l'huile d'olive, le vin et les textiles, ce qui a apporté richesse et prospérité à la région. À cette époque, la ville est également devenue connue pour sa scène artistique et culturelle florissante, avec de nombreux artistes, écrivains et musiciens talentueux ayant élu domicile à Alicante.

Au XIXe siècle, Alicante est devenue un centre important de production d'alfa, utilisée pour fabriquer des cordes, des paniers et d'autres produits. Cette industrie a apporté une grande richesse à la ville et a conduit à la construction de nombreux nouveaux bâtiments et projets d'infrastructures. La ville est également devenue une destination populaire auprès des touristes, attirés par ses belles plages, son climat doux et son riche patrimoine culturel.

Au XXe siècle, Alicante a continué à croître et à se développer, malgré certains défis tels que la guerre civile espagnole et les difficultés économiques de l'après-guerre. La ville a connu une transformation majeure dans les années 1960 lorsqu'elle est devenue une destination touristique populaire, attirant des visiteurs du monde entier.

Aujourd'hui, Alicante est une ville vibrante et dynamique avec une histoire riche et diversifiée qui se reflète dans son architecture, sa cuisine et sa culture. Les rues anciennes, les monuments historiques et les quartiers animés de la ville offrent un aperçu de son passé, tandis que ses équipements et attractions modernes en font un lieu passionnant et agréable à visiter. Alicante continue d'être un centre prospère pour le tourisme, le commerce et l'industrie, et reste une partie importante du patrimoine culturel et historique de l'Espagne.

Meilleur moment pour visiter

Alicante est un endroit que beaucoup de gens visitent presque toute l'année, mais si vous recherchez la meilleure période pour y aller, mai-juin est certainement la période à visiter. Ceci est basé sur un certain nombre de facteurs tels que la météo, le coût des vols et de l'hébergement, les périodes de pointe et bien plus encore.

Au plus fort de l'été, les températures à Alicante peuvent atteindre un maximum de 30 °C (85 °F). Le temps en hiver, surtout vers janvier, peut atteindre un minimum de 7 °C (44 °F).

Le soleil reste le plus longtemps à Alicante en juillet, vous profiterez donc au maximum de vos activités de jour si vous visitez à cette période. Vous ne voulez pas vous mouiller pendant vos vacances, n'est-ce pas ? Eh bien, si vous essayez d'éviter la pluie, évitez Alicante en mars. Rendez-vous plutôt là-bas en juillet si vous souhaitez augmenter vos chances de ne pas tomber sous la pluie.

Climat d'Alicante par mois

Alicante en janvier

- Température moyenne : 11 °C (51 °F)
- Température moyenne élevée : 14 °C (57 °F)

- Température basse moyenne : 8 °C (47 °F)
- Humidité moyenne : 67%
- Ensoleillement moyen : 25 jours
- Précipitations moyennes : 27 mm (1") sur 5 jours

Quoi emballer: Si vous partez à Alicante en janvier, assurez-vous d'emporter une veste ou un manteau chaud.

Alicante en février

- Température moyenne : 11 °C (52 °F)
- Température moyenne élevée : 14 °C (57 °F)
- Température basse moyenne : 8 °C (47 °F)
- Humidité moyenne : 65%
- Jours d'ensoleillement moyens : 23 jours
- Précipitations moyennes : 7 mm (0") sur 4 jours

Alicante en avril

- Température moyenne : 15 °C (59 °F)
- Température moyenne élevée : 18 °C (65 °F)
- Température basse moyenne : 12 °C (54 °F)
- Humidité moyenne : 67%
- Ensoleillement moyen : 20 jours
- Précipitations moyennes : 22 mm (1") sur 10 jours

Quoi emballer : Si vous partez à Alicante en avril, assurez-vous d'emporter un pull léger ou un sweat à capuche.

Alicante en mai

- Température moyenne : 18 °C (65 °F)

- Température moyenne élevée : 21 °C (70 °F)
- Température basse moyenne : 15 °C (60 °F)
- Humidité moyenne : 62%
- Ensoleillement moyen : 25 jours
- Précipitations moyennes : 10 mm (0") sur 6 jours

Quoi emballer: Si vous partez à Alicante en mai, assurez-vous d'emporter un pull léger ou un sweat à capuche pour le soir et des vêtements légers pour la journée.

Alicante en juin

- Température moyenne : 22 °C (72 °F)
- Température moyenne élevée : 25 °C (77 °F)
- Température basse moyenne : 19 °C (67 °F)
- Humidité moyenne : 60%
- Ensoleillement moyen : 25 jours
- Précipitations moyennes : 5 mm (0") sur 3 jours

Quoi emballer: Si vous partez à Alicante en juin, assurez-vous d'emporter des t-shirts pour la journée et peut-être un pull léger pour le soir car il fait un peu plus frais.

Alicante en juillet

- Température moyenne : 25 °C (77 °F)
- Température moyenne élevée : 28 °C (83 °F)
- Température basse moyenne : 22 °C (72 °F)
- Humidité moyenne : 63%
- Jours d'ensoleillement moyens : 27 jours
- Précipitations moyennes : 4 mm (0") sur 2 jours

Quoi emballer : Si vous partez à Alicante en juillet, assurez-vous d'emporter des t-shirts et des vêtements légers.

Alicante en août

- Température moyenne : 25 °C (78 °F)
- Température moyenne élevée : 28 °C (83 °F)
- Température basse moyenne : 23 °C (73 °F)
- Humidité moyenne : 66%
- Jours d'ensoleillement moyens : 26 jours
- Précipitations moyennes : 8 mm (0") sur 4 jours

Quoi emballer: Si vous partez à Alicante en août, assurez-vous d'emporter des t-shirts et des vêtements légers.

Alicante en septembre

- Température moyenne : 23 °C (73 °F)
- Température moyenne élevée : 26 °C (78 °F)
- Température basse moyenne : 20 °C (68 °F)
- Humidité moyenne : 68%
- Jours d'ensoleillement moyens : 22 jours
- Précipitations moyennes : 20 mm (1") sur 7 jours

Quoi emballer : Si vous partez à Alicante en septembre, assurez-vous d'emporter des t-shirts et des vêtements légers.

Alicante en octobre

- Température moyenne : 19 °C (67 °F)
- Température moyenne élevée : 22 °C (72 °F)
- Température basse moyenne : 17 °C (62 °F)
- Humidité moyenne : 69%

- Jours d'ensoleillement moyens : 22 jours
- Précipitations moyennes : 17 mm (1") sur 7 jours

Quoi emballer : Si vous partez à Alicante en octobre, assurez-vous d'emporter un pull léger ou un sweat à capuche pour le soir et des vêtements légers pour la journée.

Alicante en novembre

- Température moyenne : 15 °C (58 °F)
- Température moyenne élevée : 17 °C (63 °F)
- Température basse moyenne : 12 °C (54 °F)
- Humidité moyenne : 66%
- Jours d'ensoleillement moyens : 23 jours
- Précipitations moyennes : 20 mm (1") sur 6 jours

Quoi emballer: Si vous partez à Alicante en novembre, assurez-vous d'emporter un pull léger ou un sweat à capuche.

Alicante en décembre

- Température moyenne : 12 °C (53 °F)
- Température moyenne élevée : 15 °C (59 °F)
- Température basse moyenne : 9 °C (49 °F)
- Humidité moyenne : 68%
- Jours d'ensoleillement moyens : 26 jours
- Précipitations moyennes : 18 mm (1") sur 4 jours

Quoi emballer: Si vous partez à Alicante en décembre, assurez-vous d'emporter une veste ou un manteau chaud.

Comment se rendre à Alicante

Pour les voyageurs planifiant un voyage dans la belle ville d'Alicante, plusieurs options de transport sont disponibles, en fonction de vos préférences et de votre budget. Examinons de plus près les différentes manières d'atteindre cette magnifique destination.

Premièrement, l'aéroport d'El Altet ou d'Alicante est sans aucun doute le moyen le plus pratique pour rejoindre la ville. Situé à seulement 11 km du centre-ville, l'aéroport est bien relié aux autres villes espagnoles et européennes avec plusieurs vols quotidiens nationaux et internationaux. L'aéroport sert de porte d'entrée vers la ville d'Alicante et ses environs, offrant un accès pratique à des millions de passagers chaque année. En fait, l'aéroport ALC voit environ 15 millions de passagers franchir ses portes chaque année, ce qui en fait le 5ème aéroport le plus fréquenté d'Espagne. Au cours des deux dernières décennies, ALC a connu une augmentation significative du trafic de passagers et des mouvements d'avions, près de 80 % de tous les vols étant internationaux. La majorité de ces vols proviennent du Royaume-Uni, de Norvège, des Pays-Bas et d'Allemagne, avec des vols saisonniers et toute l'année disponibles. Les voyageurs ont accès à une variété de compagnies aériennes chez ALC, notamment Ryanair, EasyJet, Jet2.com, TUI, Volotea, Vueling, WizzAir, Norwegian Airlines, Norwegian Air Shuttle, British Airways et Iberia Regional. Ces compagnies aériennes proposent des départs quotidiens vers et depuis l'aéroport, desservant un large éventail de destinations à travers l'Europe et au-delà. En plus de son emplacement idéal et de l'offre de ses compagnies aériennes, l'aéroport d'Alicante offre également une gamme de commodités dont les passagers peuvent profiter. Il

s'agit notamment d'un service Wi-Fi, d'une bagagerie, d'une aire de jeux pour enfants, d'une zone fumeurs, de boutiques hors taxes, de distributeurs automatiques de billets et de chaînes de restaurants populaires telles que McDonald's et Burger King, ainsi que de cafés.
Si vous préférez voyager par la route, le trajet jusqu'à la gare routière d'Alicante est un autre moyen abordable et efficace de rejoindre la ville. Bien que cela puisse être un peu long, c'est une excellente option pour les voyageurs soucieux de leur budget. La gare routière est bien reliée aux autres villes voisines en Espagne et aux alentours. Vous pouvez également consulter les prix des billets en ligne pour éviter de faire la queue et de perdre du temps en personne. De plus, la location d'une voiture ou d'un taxi privé est une autre option offerte aux visiteurs, en fonction de leur budget.

Pour ceux qui préfèrent voyager en train, la gare Renfe est la principale d'Alicante, bien reliée à la plupart des destinations nationales et internationales. De plus, il existe deux gares plus petites, à savoir les gares GV et Murcie, qui sont utilisées pour voyager vers des destinations côtières et des destinations plus petites et plus locales. Les billets sont abordables et peuvent également être achetés en ligne. Il est idéal pour les visiteurs voyageant localement de prendre un train car le trajet est plus rapide et plus confortable.

Transport Possibilités

Astuces de voyage

Alicante est une ville particulièrement compacte, vous pourrez donc vous rendre là où vous le souhaitez en ville simplement à pied. Si vous devez transporter beaucoup de choses, si vous souhaitez voyager en dehors de la ville ou si vous n'avez tout simplement pas envie de marcher, vous trouverez de nombreuses options de transports en commun dont vous pourrez profiter. Des billets simples pour de nombreuses options sont disponibles, mais si vous prévoyez de voyager beaucoup, il peut être préférable d'acheter un pass, car il bénéficie d'une réduction. Ce pass de transports urbains s'appelle Mobilis.

Souterrain

Il n'y a pas de système de métro à Alicante et le système ferroviaire ne circule pas beaucoup dans la ville. Si vous devez vous rendre quelque part à proximité d'Alicante, le train est l'un des meilleurs moyens de voyager.

Taxis

Plusieurs compagnies de taxi opèrent dans tout Alicante. Les tarifs sont généralement abordables, mais ils ont tendance à être plus chers la nuit tombée. De plus, vous risquez d'attendre un certain temps si vous cherchez un taxi le soir pendant la haute saison. Des services de covoiturage sont également disponibles comme Cabify et PideTaxi.

Bus

Le service de bus autour de la ville est l'un des moyens de déplacement les plus populaires. Le bus 9, par exemple, propose des trajets depuis la gare jusqu'à la plage de San Juan toutes les 20 minutes. Ils fonctionnent généralement toute la journée et s'arrêtent la nuit, bien que certains week-ends soient ouverts tôt le matin.

Location de voiture

Il existe des options de location de voitures, mais vous n'en avez pas vraiment besoin pour vous déplacer, sauf si vous envisagez d'explorer certaines zones environnantes. Si vous optez pour une location de voiture, vous devrez souvent payer un supplément si vous avez moins de 25 ans et vous devrez avoir un passeport valide pour prouver votre identité.

Location de vélo

La location de vélos est courante en ville, une grande partie de cette ville compacte étant conviviale pour les cyclistes. Les scooters sont souvent une option en plus des vélos.

Options d'hébergement

Si vous recherchez une expérience luxueuse, l'Hospes Amerigo est un hôtel cinq étoiles qui devrait figurer en tête de votre liste. Situé au cœur de la vieille ville d'Alicante, cet hôtel présente une décoration élégante et des équipements haut de gamme. Les chambres sont spacieuses et décorées avec goût, tandis que le toit-terrasse offre une vue imprenable sur la ville. Le Level at Meliá Alicante est un autre excellent choix pour ceux qui recherchent une vue imprenable sur la mer et des équipements haut de gamme. Cet hôtel est situé à proximité de la plage et propose une variété d'options de restauration. Pour ceux qui recherchent un cadre luxueux et de beaux jardins, l'Asia Gardens Hotel & Thai Spa est une excellente option, bien qu'il soit situé un peu en dehors d'Alicante, dans la ville voisine de Finestrat.
Si vous avez un budget moyen, l'ACHotel Alicante by Marriott est un hôtel élégant et moderne situé à proximité de la marina. Il propose des chambres confortables et d'excellents équipements, notamment une piscine et un bar sur le toit. L'Eurostars Lucentum bénéficie également d'un emplacement central et d'un prix abordable, ce qui en fait une excellente option pour ceux qui recherchent confort et commodité. Le NH Alicante offre une combinaison de confort et de prix abordable, ce qui en fait un choix populaire parmi les voyageurs.

Pour ceux qui ont un budget serré, l'Hôtel Maya Alicante est une excellente option. Situé près de la plage, il propose des tarifs abordables et des hébergements confortables. La City Mercado est un autre hôtel économique situé à proximité du marché central d'Alicante, proposant un hébergement simple mais confortable. L'Ibis Alicante est une excellente option pour ceux qui recherchent un hébergement sans fioritures avec des tarifs raisonnables.

En plus de ces recommandations, vous trouverez également quelques bons conseils pour trouver des offres d'hôtels à Alicante. Par exemple, visiter pendant la basse saison (comme janvier et mars) peut entraîner des tarifs moins chers. De plus, séjourner un dimanche permet souvent de bénéficier des meilleures offres d'hôtel, tandis que le samedi est généralement le jour le plus cher.

Si vous recherchez un hôtel dans une zone spécifique d'Alicante, il existe une variété de quartiers qui offrent différents avantages. Pour les voyageurs soucieux de leur budget, les meilleures zones d'hôtels abordables sont Albufereta et Playa de San Juan, qui offrent toutes deux un accès facile à la plage et sont bien reliées au centre-ville par les transports en commun. Pour les couples à la recherche d'une atmosphère romantique, l'Hospes Amérigo est un choix populaire avec son cadre intimiste et son toit-terrasse offrant une vue imprenable sur la ville.

Il existe également des hôtels qui répondent à des intérêts spécifiques, comme ceux situés à proximité du château de Santa Bárbara pour les passionnés d'histoire ou du Casino Mediterráneo Alicante pour ceux qui s'intéressent aux jeux de hasard. Si vous voyagez en famille, il existe également des hôtels qui répondent à vos besoins, comme l'Hôtel Castilla Alicante, qui propose une gamme d'équipements adaptés aux familles, notamment une piscine et une aire de jeux pour enfants.

Si vous recherchez une expérience unique et intime au cœur de la vieille ville d'Alicante, la Casa Del Carrebaix est un charmant Bed & Breakfast situé dans un bâtiment historique. L'établissement propose des chambres élégantes au décor rustique et dotées d'équipements modernes. Vous pourrez savourer un petit-déjeuner continental servi dans le jardin de la cour ou vous détendre dans le salon confortable. El Palauet de Monverdu est un hôtel de charme situé dans un bâtiment du XIXe siècle magnifiquement restauré, offrant un mélange de charme historique et de luxe moderne. L'hôtel dispose de chambres spacieuses dotées de hauts plafonds, de parquet et d'un mobilier élégant. Vous pourrez profiter d'un toit-terrasse offrant une vue imprenable sur Alicante et la mer Méditerranée ou vous détendre dans le spa et centre de bien-être de l'hôtel. Le Gloria Hotel occupe un ancien manoir et présente un design élégant avec des œuvres d'art contemporaines, créant une atmosphère distinctive. L'hôtel propose des chambres spacieuses avec une décoration unique et des équipements modernes, et vous pourrez profiter d'un toit-terrasse offrant une vue imprenable sur la ville ou vous détendre dans le spa et centre de bien-être de l'hôtel.

Pour ceux qui recherchent une expérience unique et fantaisiste, le Magic Robin Hood Vacation Park est un complexe sur le thème médiéval près d'Alicante qui propose des chambres à thème, des divertissements et des activités. Le complexe propose des chambres spacieuses au décor médiéval et aux équipements modernes. Vous pourrez profiter d'une gamme d'activités, notamment le tir à l'arc, l'équitation et le mini-golf, ou vous détendre au bord de la piscine avec un cocktail. Il est situé dans un quartier calme, à quelques minutes en voiture du centre-ville.

Meilleurs hôtels d'Alicante

1. Hôpital Amerigo

Hospes Amerigo est la quintessence du luxe à Alicante, en Espagne. Cet hôtel 5 étoiles est situé au cœur de la ville et à quelques pas de la plage et du château historique de Santa Barbara. L'hôtel propose des chambres et des suites magnifiquement conçues, qui offrent toutes à ses clients un séjour somptueux et confortable. Les chambres sont décorées dans un style moderne et élégant, avec des draps de haute qualité, une literie moelleuse et un mobilier contemporain. Les salles de bains sont spacieuses et disposent de comptoirs en marbre, de douches à effet pluie et d'articles de toilette luxueux.

La piscine sur le toit de l'hôtel est l'endroit idéal pour se détendre et admirer une vue imprenable sur la ville tout en profitant du soleil. L'hôtel dispose également d'un centre de spa et de bien-être, où les clients peuvent profiter d'une variété de soins et de thérapies pour rajeunir leur corps et leur esprit. Le restaurant gastronomique de l'hôtel sert une cuisine méditerranéenne et constitue une visite incontournable pour les gourmets.

2. AC Hôtel Alicante par Marriott

Si vous recherchez un séjour moderne et sophistiqué à Alicante, l'AC Hotel Alicante by Marriott est le choix parfait. Cet hôtel 4 étoiles bénéficie d'un emplacement privilégié à seulement quelques minutes à pied de la célèbre plage du Postiguet et de la promenade Explanada de España. Les chambres élégantes et confortables de l'hôtel sont décorées avec un design contemporain et minimaliste, avec des draps de haute qualité, une literie confortable et un mobilier moderne.

La piscine sur le toit de l'hôtel est un point fort, offrant aux clients une vue imprenable sur la ville et un endroit pour se détendre et se relaxer. Le centre de remise en forme est bien équipé et le restaurant de l'hôtel sert une délicieuse cuisine espagnole, ce qui en fait un choix populaire pour les gourmets.

3. Melia Alicante

Meliá Alicante est un hôtel en bord de mer bénéficiant d'un emplacement privilégié surplombant la mer Méditerranée. L'hôtel propose des chambres spacieuses et élégantes avec une vue imprenable sur la mer, ce qui en fait un choix populaire pour les couples et les familles. Les chambres sont décorées avec un design moderne et élégant, avec des draps de haute qualité, une literie confortable et un mobilier contemporain.

La grande piscine extérieure de l'hôtel est parfaite pour une baignade rafraîchissante, et le spa et centre de bien-être est un endroit idéal pour se détendre et se ressourcer. Les options de restauration de l'hôtel sont variées, avec un restaurant buffet servant une cuisine internationale et un bar à tapas servant des plats traditionnels espagnols. L'hôtel dispose également d'un bar où vous pourrez prendre un verre tout en admirant la vue imprenable.

4. Eurostars Lucentum

L'Eurostars Lucentum est un hôtel 4 étoiles élégant et moderne situé au cœur d'Alicante. Les chambres confortables de l'hôtel sont décorées dans un design contemporain et minimaliste, avec des draps de haute qualité, une literie confortable et un mobilier moderne. Le toit-terrasse offre une piscine et des chaises longues, ce qui en fait l'endroit idéal pour se détendre et admirer une vue panoramique sur la ville.

Le centre de remise en forme est bien équipé et le bar sur le toit de l'hôtel est un endroit populaire pour prendre un verre tout en admirant la vue imprenable. L'emplacement de l'hôtel est idéal pour explorer la ville, la plupart des principales attractions de la ville étant accessibles à pied.

5. Hôtel Sercotel Suites del Mar

L'Hôtel Sercotel Suites del Mar est un hôtel 4 étoiles situé en bord de mer, à quelques pas du centre-ville et de la plage du Postiguet. Les suites contemporaines et spacieuses de l'hôtel offrent une vue imprenable sur la mer, ce qui en fait un choix populaire pour les couples et les familles. Les suites sont décorées dans un style moderne et élégant, avec des draps de haute qualité, une literie confortable et un mobilier contemporain.

La piscine sur le toit est parfaite pour une baignade rafraîchissante, et le spa et centre de bien-être est un endroit idéal pour se détendre et se ressourcer. Le restaurant méditerranéen de l'hôtel sert une cuisine délicieuse et la terrasse surplombant la mer est un endroit populaire pour prendre un repas ou un verre.

6. Hôtel Hospes Palau de la Mar

L'Hôtel Hospes Palau de la Mar est un luxueux hôtel 5 étoiles situé dans un palais restauré du XIXe siècle dans le centre-ville. Les chambres élégantes et spacieuses de l'hôtel sont décorées avec un design contemporain et élégant, avec des draps de haute qualité, une literie confortable et un mobilier moderne. Le magnifique jardin de l'hôtel avec piscine est un endroit idéal pour se détendre, tandis que le spa et centre de bien-être est parfait pour rajeunir le corps et l'esprit.

Le restaurant gastronomique de l'hôtel sert une cuisine espagnole traditionnelle et la terrasse est un endroit apprécié pour prendre un repas ou une boisson. L'emplacement de l'hôtel est idéal pour explorer la ville, la plupart des principales attractions de la ville étant accessibles à pied.

7. Hôtel Alicante Gran Sol

L'hôtel Alicante Gran Sol est situé sur la promenade du front de mer et offre une vue imprenable sur la mer Méditerranée et le château de Santa Barbara. Les chambres confortables de l'hôtel offrent une vue sur la mer, ce qui en fait un choix populaire pour les couples et les familles. Le toit-terrasse avec piscine et bar est l'endroit idéal pour se détendre et admirer la vue imprenable, tandis que le restaurant servant des plats méditerranéens et internationaux est l'endroit idéal pour savourer une délicieuse cuisine.

L'emplacement de l'hôtel est idéal pour explorer la ville, la plupart des principales attractions de la ville étant accessibles à pied. Le personnel de l'hôtel est amical et serviable, offrant aux clients un séjour mémorable.

8. Chambres d'hôtes La Milagrosa

La Milagrosa Bed & Breakfast est un charmant hôtel de charme situé dans le centre historique d'Alicante. Les chambres confortables de l'hôtel sont décorées avec des décorations uniques, comprenant des draps de haute qualité, une literie confortable et un mobilier contemporain. Le toit-terrasse avec vue panoramique est un point fort, offrant aux clients un endroit pour se détendre et admirer la vue imprenable.

La cour de l'hôtel est un endroit charmant où vous pourrez savourer un délicieux petit-déjeuner servi tous les jours. L'emplacement de l'hôtel est idéal pour explorer la ville, la plupart des principales attractions de la ville étant accessibles à pied.

9. Hôtel-boutique Calas de Alicante

Le Boutique Hotel Calas de Alicante est un bel hôtel en bord de mer situé dans le charmant quartier d'Albufereta. Les chambres et suites spacieuses de l'hôtel offrent une vue sur la mer, ce qui en fait un choix populaire pour les couples et les familles. La grande piscine extérieure de l'hôtel et le jardin avec terrasses bien exposées sont parfaits pour se détendre et profiter du soleil.

Le restaurant de l'hôtel sert une délicieuse cuisine méditerranéenne et internationale, et la terrasse surplombant la mer est un endroit apprécié des clients pour prendre un repas ou un verre. L'emplacement de l'hôtel est idéal pour explorer la ville, la plupart des principales attractions de la ville étant situées à quelques minutes en voiture.

10. Hôtel Albahia Alicante

L'Hôtel Albahia Alicante est un hôtel 3 étoiles situé sur la plage de La Albufereta, à quelques minutes en voiture du centre-ville. Les chambres confortables de l'hôtel offrent une vue sur la mer, ce qui en fait un choix populaire pour les couples et les familles. La grande piscine extérieure de l'hôtel est parfaite pour une baignade rafraîchissante, tandis que le centre de remise en forme est bien équipé.

Le restaurant de l'hôtel sert des plats traditionnels espagnols, ce qui en fait l'endroit idéal pour savourer une délicieuse cuisine. L'emplacement de l'hôtel est idéal pour explorer la ville, la plupart des principales attractions de la ville étant situées à quelques minutes en voiture. Le personnel de l'hôtel est sympathique et serviable, offrant aux clients un séjour mémorable.

Meilleurs restaurants

1. Baeza & Rufete : Ce restaurant étoilé Michelin est une visite incontournable pour une délicieuse expérience culinaire à Alicante. Avec ses subtils contrastes de saveurs savamment travaillés, Baeza & Rufete crée des plats locaux uniques et de bon goût à base de produits de saison. Les plats populaires du restaurant, notamment le huevo negro, un ragoût de morue à l'ail noir et au jaune d'œuf, laisseront à coup sûr une impression durable. Le personnel attentif et l'ambiance détendue complètent l'expérience culinaire globale.

2. Steki Restaurante : Situé dans le quartier historique d'El Barrio, Steki Restaurante est connu pour son mélange de cuisine méditerranéenne avec des nuances mexicaines et grecques. Le nom du restaurant, qui signifie « lieu de rencontre », est parfait pour l'ambiance qu'il crée. Avec au moins cinq assiettes à partager parmi lesquelles choisir, dont des options comme la mousse au fromage fumé, les moules à la sauce au safran, le canard aux fleurs de courgettes et le porc ibérique au souvlaki tzatziki, ce restaurant est un endroit idéal pour dîner entre amis. Les desserts, notamment le nougat, le yaourt à la citrouille, ainsi que le gâteau au chocolat, au maïs, aux cacahuètes et à la tequila, sont tout aussi délicieux.

3. Nou Manolin : Proposant des tapas traditionnelles et une cuisine raffinée en un seul endroit, Nou Manolin est un endroit populaire à Alicante pour les habitants. Le bar du rez-de-chaussée sert des tapas de bonne qualité, tandis que la salle à manger du premier étage propose des plats joliment présentés et sophistiqués avec de nombreuses spécialités de riz, de poisson et de viande.

L'ambiance chaleureuse et rustique ajoute à l'expérience globale, et la nourriture à un prix raisonnable en fait un excellent choix pour tout le monde.

4. Bodeguita 1999 : Si vous êtes amateur de viande, Bodeguita 1999 est un restaurant incontournable à Alicante. Avec au menu de succulentes coupes de steak, entrecôte, porc ibérique et saucisses maison, ce restaurant est un paradis pour les plats de viande. La viande est sélectionnée en fonction de sa qualité et de sa maturation, et vous trouverez d'autres excellentes options, notamment de la paella, du poisson frais et des salades. L'intérieur rustique, avec des murs en pierre et des tables en bois, ajoute au charme général du restaurant.

5. Tabula Rasa : Situé dans le quartier historique de Benalúa à Alicante, Tabula Rasa est un restaurant qui préserve les traditions de la cuisine espagnole tout en lui donnant une touche moderne et innovante. Le menu fixe de six plats à base d'ingrédients frais de saison change régulièrement, avec des plats remarquables comme le tartare de thon, la morue, le parmentier de pommes de terre, le porc ibérique grillé à la crème de potiron et le cheesecake. Avec une façade bien entretenue et un intérieur chaleureux, ce restaurant est parfait pour une expérience culinaire luxueuse.

6. El Gosto del Gourmet : Si vous êtes amateur de fruits de mer, El Gosto del Gourmet est un restaurant populaire qui sert d'excellents fruits de mer à Alicante. Le menu du restaurant comprend un large éventail d'options, allant des fruits de mer frais aux plats de viande. La popularité du restaurant

témoigne de la qualité de sa nourriture, et l'ambiance chaleureuse et conviviale en fait un endroit idéal pour les familles et les groupes.

7. La Ereta : La Ereta est un restaurant d'Alicante qui propose une cuisine méditerranéenne traditionnelle avec une touche moderne. Bénéficiant d'un emplacement privilégié sur les pentes du mont Benacantil, le restaurant offre une vue imprenable sur Alicante et la Méditerranée. Le menu propose une gamme de plats, notamment des fruits de mer, de la viande et des plats végétariens, tous préparés avec des ingrédients de saison de haute qualité. La Ereta est un endroit idéal pour un dîner romantique ou une occasion spéciale.

8. Dársena : Dársena est un restaurant de fruits de mer situé dans le port d'Alicante. Avec son emplacement au bord de l'eau, ce restaurant offre une vue imprenable sur le port et la mer Méditerranée. Le menu du restaurant propose une gamme de plats de fruits de mer frais, notamment du poisson grillé, de la paella et des plateaux de fruits de mer. L'atmosphère détendue du restaurant et son personnel amical en font un endroit idéal pour un déjeuner ou un dîner décontracté.

9. La Taberna del Gourmet : La Taberna del Gourmet est un bar à tapas et un restaurant au cœur d'Alicante. Avec son vaste menu de tapas traditionnelles et modernes, ce restaurant est un endroit idéal pour un déjeuner ou un dîner décontracté. Le menu du restaurant propose une gamme de plats préparés avec des ingrédients de saison de haute qualité, notamment des fruits de mer frais, de la viande et des plats végétariens. L'atmosphère chaleureuse et conviviale du restaurant en fait un endroit idéal pour se détendre et déguster de délicieux plats.

10. Casa Julio : Si vous recherchez un endroit décontracté pour une bouchée rapide, Casa Julio est un excellent choix. Ce petit restaurant du centre d'Alicante est spécialisé dans un plat traditionnel espagnol appelé « cocas », qui sont des pains plats savoureux garnis d'une gamme d'ingrédients, notamment du thon, des légumes et du fromage. Le personnel amical du restaurant et ses prix abordables en font un endroit populaire auprès des locaux et des touristes.

Cuisine locale

L'un des plats les plus emblématiques d'Alicante est la paella, originaire de Valence mais qui est également largement appréciée ici. Ce plat est composé de riz aromatisé au safran, de poulet, de lapin et d'une variété de fruits de mer, tels que des moules, des palourdes et des crevettes, qui sont tous d'origine locale. Au fur et à mesure que le plat mijote, les saveurs se mélangent et créent un goût unique à la fois savoureux et aromatique. La paella est souvent servie dans de grandes casseroles communes, ce qui témoigne de son importance culturelle en tant que plat rassembleur.

Un autre plat à base de riz populaire à Alicante est l'arroz a banda. Ce plat est composé de bouillon de poisson, de calamars, de crevettes et d'ail, qui lui confèrent un goût riche et savoureux. Le plat est souvent servi avec de l'aïoli et du citron, qui rehaussent encore plus les saveurs. La combinaison des fruits de mer et du riz est un mariage paradisiaque, et il n'est pas étonnant que ce plat soit un favori local.

Pour les amateurs de fruits de mer qui veulent essayer quelque chose de différent, la fideuà est un incontournable. Ce plat est similaire à la paella, mais composé de nouilles courtes et fines au lieu de riz. Il est souvent aromatisé à l'ail, au paprika et au safran, ce qui lui donne un goût distinct. L'ajout de nouilles donne au plat une texture unique à la fois satisfaisante et réconfortante.

Si vous recherchez une collation salée, la coca est une pâtisserie traditionnelle très populaire à Alicante. Cette pâtisserie est généralement garnie d'ingrédients tels que des tomates, des anchois et des oignons, ce qui lui donne un goût savoureux et satisfaisant. C'est parfait pour une bouchée rapide ou comme collation sur le pouce.

All i pebre est un autre plat qui met en valeur les fruits de mer frais disponibles à Alicante. Ce plat comprend de l'anguille ou du poisson mijoté dans une sauce à base d'ail, de paprika et d'amandes moulues. La sauce a une texture riche et crémeuse qui complète le goût délicat des fruits de mer. C'est un plat copieux et savoureux, parfait pour une soirée fraîche.

Le caldero est un plat de pêcheur local qui est un plat de riz copieux parfumé au bouillon de poisson, au safran et à l'ail. Il est souvent servi avec de l'allioli, une mayonnaise à l'ail très populaire en Espagne. La combinaison du riz et du bouillon de poisson crée un plat à la fois réconfortant et satisfaisant.

Si vous recherchez un plat luxueux, la Gamba roja de Denia est un mets local très prisé à Alicante. Les crevettes sont généralement grillées et servies avec un filet de citron, ce qui met en valeur leur saveur douce et succulente. C'est un plat qui impressionnera à coup sûr tout amateur de fruits de mer.

Pour les amateurs de viande, l'arroz con costra est un plat unique qui consiste en une cocotte en couches à base de riz, de poulet, de boudin noir et de saucisses morcilla. Garni d'une croûte d'œuf battu, l'arroz con costra est une option copieuse et savoureuse qui satisfera à coup sûr toutes les envies.

La pericana est un plat traditionnel de la région d'Alicante qui est un copieux mélange de poisson salé, de poivrons et d'ail. Il est souvent servi sur du pain grillé comme apéritif savoureux, parfait à partager.

Le turrón est une friandise sucrée qui se déguste toute l'année, mais qui est particulièrement populaire pendant la période de Noël. C'est un nougat espagnol traditionnel à base d'amandes, de miel et de sucre. Il existe deux variétés principales : la molle et la dure, toutes deux également délicieuses.

La cazuela de pescadores est un ragoût de fruits de mer composé souvent d'une variété de poissons, de calmars et de crustacés. Les fruits de mer sont mijotés dans un bouillon savoureux à base de tomates, d'ail et de paprika, ce qui donne un repas riche et satisfaisant.

L'Olla churra est un copieux ragoût de haricots et de saucisses typique de la région d'Alicante. Composé d'ingrédients comme du chorizo, de la morcilla et des côtes de porc, ce plat est une option réconfortante et savoureuse, parfaite pour une froide journée d'hiver.

L'espencat est un plat traditionnel composé de poivrons rouges rôtis, d'aubergines et d'ail, qui sont ensuite assaisonnés d'huile d'olive et de vinaigre. L'espencat est souvent servi comme apéritif ou comme plat d'accompagnement frais, parfait pour les chaudes journées d'été.

Enfin, les calamars à la romana sont un plat de tapas populaire composé d'anneaux de calamars frits croustillants à l'extérieur et tendres à l'intérieur.

Souvent servis avec un filet de citron, les calamars à la romaine sont une collation délicieuse et addictive, parfaite à tout moment de la journée.

Restaurant local

1. D'Tablas Alicante (Reed-Cover)

D'Tablas Alicante est une visite incontournable pour tous ceux qui recherchent une collation rapide au cœur d'Alicante. Ce restaurant de tapas animé est idéalement situé dans la Calle Rafael Altamira, à quelques pas de certaines des attractions touristiques les plus populaires de la ville.

L'approche simplifiée du restaurant en matière de commande et de service en fait un choix populaire auprès des locaux et des touristes qui manquent de temps. Au lieu de commander des plats individuels, les clients peuvent simplement prendre ce qui leur plaît dans le chariot de tapas qui circule dans la salle par une serveuse ultra-efficace. Chaque plat est servi sur un petit bloc de bois, que le personnel de la caisse compte pour calculer votre note.

Mais ce n'est pas seulement la rapidité du service qui fait du D'Tablas Alicante un succès auprès des gourmets. La nourriture elle-même est délicieuse et économique, avec des plats frits miniatures remplis de calamars, de poisson, de viande, de fromage et bien plus encore. Et n'oublions pas la bière, c'est aussi une bonne affaire.

Le restaurant est ouvert du mardi au dimanche, de 10h à 1h30 (fermé le lundi). Alors, que vous recherchiez un déjeuner rapide ou une collation en fin de soirée, D'Tablas Alicante a ce qu'il vous faut.

2. Le Garage Bar Alicante

Si vous recherchez un lieu branché qui sert certaines des meilleures tapas et classiques américains de la ville, ne cherchez pas plus loin que l'El Garaje Bar Alicante. Ce restaurant branché de style industriel est situé sur la Plaça Gabriel Miró, à quelques pas du principal quartier commerçant de la ville.

Les expositions d'art tournantes du restaurant et les sets de DJ ponctuels en font un lieu favori de la communauté bohème de la ville. En fin de soirée, le lieu caverneux adopte une ambiance de fête distinctive, donc si vous préférez une ambiance plus tranquille, il est préférable de venir plus tôt dans la journée.

Côté nourriture, vous retrouverez ici tous vos classiques américains préférés, notamment des ailes, des nachos, des hamburgers et des rondelles d'oignon. Mais si vous préférez vous en tenir aux plats traditionnels, commandez plutôt le menu de tapas. Quel que soit votre choix, attendez-vous à une cuisine de qualité supérieure à un prix raisonnable dans un lieu dynamique et jeune.

El Garaje Bar Alicante est ouvert du lundi au jeudi, de 20h à minuit, et du vendredi au dimanche, de 13h à 16h30 et de 20h à minuit.

3. Restaurant Monumental Alicante

Pour ceux qui recherchent une expérience culinaire méditerranéenne raffinée, le Monumental Restaurant Alicante est le choix parfait. Situé dans la Calle Reyes Católicos, ce restaurant chic présente des intérieurs glamour avec des lampes suspendues, des nappes blanches et des sièges en velours moelleux.

Le service exceptionnel et la présentation haut de gamme du restaurant incitent la clientèle locale à revenir pour en savoir plus. Et le meilleur ? C'est assez abordable pour un repas décontracté. Le spécial déjeuner offre un rapport qualité-prix exceptionnel, car vous obtenez un festin de 3 plats accompagné d'un verre de vin local. Si vous préférez commander sur le menu, il existe une solide sélection de plats de riz à essayer. L'arroz de gambas (riz aux crevettes) est un favori du public, regorgeant de haricots verts, de tomates cerises et de bouillon de poulet.

Le Restaurant Monumental Alicante est ouvert du dimanche au mercredi, de 13h15 à 16h15, et du jeudi au samedi, de 13h15 à 16h15 et de 20h00 à minuit.

4. Esencia de grand-père

La Esencia del Nonno est un restaurant moderne d'inspiration urbaine situé dans la ville voisine de Sant Joan d'Alacant. C'est l'arrêt idéal pour les voyageurs explorant l'est d'Alicante dans le cadre d'une visite touristique prolongée.

L'amiable propriétaire Carlo a démarré cette aventure après avoir dirigé la cevicheria (restaurant de fruits de mer) de ses parents pendant de nombreuses années. Sa passion pour la cuisine espagnole de qualité transparaît dans le menu à la carte, composé de tapas, de jambon ibérique et de montaditos (petits sandwichs) classiques. L'héritage italien de Carlo signifie que vous pouvez également choisir parmi une gamme de pâtes, de paninis et de plats de poisson à la sicilienne.

La Esencia del Nonno est ouverte du mardi, de midi à 17h, et du jeudi au lundi, de midi à 17h et de 20h à minuit (fermé le mercredi).

5. La Crispeta

Si vous recherchez une atmosphère détendue pour savourer de délicieux plats faits maison et des desserts décadents, La Crispeta est l'endroit où aller. Ce restaurant populaire est situé dans la rue Jorge Juan, à quelques pas de certains des monuments les plus emblématiques de la ville.

Le menu del dia (menu du jour) à 3 plats est une valeur sûre et est accompagné d'un verre de bière ou de vin gratuit. Si vous souhaitez commander sur le menu (ou si vous dînez le soir), l'endroit propose d'excellentes tapas, des bouchées légères de calamar aux quesadillas et aux montaditos farcis au jambon (mini-sandwichs ouverts). Et côté dessert ? La tarte aux pommes maison est gagnante.

La Crispeta est ouverte du lundi au samedi, de midi à 16h30 et de 19h à 23h30.

6. La Tasca du quartier

La Tasca Del Barrio est un restaurant de quartier charmant et authentique qui sert un assortiment de plats méditerranéens. Situé dans une charmante résidence ancienne en dehors du centre-ville, ce petit restaurant animé attire chaque jour un flux constant de locaux.

Si les tapas sont un incontournable, les amateurs de fruits de mer seront ici aux anges. Les splendides plats de fruits de mer du restaurant sont cuits à la perfection et servis avec une gamme de délicieux accompagnements. Et bien sûr, le vin est également excellent.

La Tasca Del Barrio est ouverte du lundi au samedi, de 20h à minuit (fermée le dimanche).

Quel que soit le restaurant que vous choisissez, vous êtes sûr de savourer un délicieux repas au cœur d'Alicante.

7. La Taverne Gourmande

La Taberna del Gourmet est un bar à tapas populaire situé au cœur de la vieille ville d'Alicante. Ce petit endroit chaleureux est parfait pour ceux qui recherchent un repas décontracté entre amis ou en famille.

Le menu propose une large gamme de plats de tapas, notamment des patatas bravas, du poulpe grillé et du jambon ibérique. Le restaurant propose également une sélection impressionnante de vins et de cocktails, ce qui en fait un endroit idéal pour prendre un verre en soirée.

L'atmosphère est chaleureuse et accueillante, avec des tables en bois et un éclairage tamisé créant une ambiance chaleureuse. Et grâce à son emplacement central, La Taberna del Gourmet est l'arrêt idéal pour une collation avant le dîner ou un verre en fin de soirée.

La Taberna del Gourmet est ouverte du lundi au samedi, de 12h à 16h et de 20h à 0h.

8. Restaurant La Ereta

Le restaurant La Ereta est un établissement gastronomique situé au pied du château de Santa Bárbara. Cet élégant restaurant offre une vue imprenable sur la ville et la mer Méditerranée, ce qui en fait l'endroit idéal pour un dîner romantique ou une occasion spéciale.

Le menu propose une gamme de plats méditerranéens contemporains, en mettant l'accent sur les produits locaux et les recettes traditionnelles. Les points forts incluent le poulpe grillé avec sauce à l'ail noir et le risotto au homard.

Les intérieurs élégants du restaurant sont complétés par une carte des vins complète, comprenant certains des meilleurs vins de la région et d'ailleurs.

Le restaurant La Ereta est ouvert du mardi au samedi, de 13h00 à 15h30 et de 20h00 à 23h00.

9. Maison Julio

Casa Julio est un bar à tapas familial situé au cœur de la vieille ville d'Alicante. Ce petit endroit confortable est connu pour son service amical et sa délicieuse cuisine maison.

Le menu propose une gamme de plats de tapas classiques, notamment des tortillas de patatas, du jambon ibérique et des croquetas de jamón. Le restaurant propose également une sélection de vins et de bières locales, ce qui en fait l'endroit idéal pour une soirée décontractée entre amis.

L'atmosphère est chaleureuse et accueillante, avec un décor espagnol traditionnel et de la musique live le week-end. Et grâce à son emplacement central, la Casa Julio est l'arrêt idéal pour une collation avant le dîner ou un verre en fin de soirée.

Casa Julio est ouverte du lundi au samedi, de 12h à 16h et de 19h à minuit.

10. El Portal Taberna & Vins

El Portal Taberna & Wines est un bar à tapas populaire situé au cœur de la vieille ville d'Alicante. Ce petit endroit chaleureux est parfait pour ceux qui recherchent un repas décontracté entre amis ou en famille.

Le menu propose une gamme de plats de tapas classiques, notamment des patatas bravas, du poulpe grillé et du jambon ibérique. Le restaurant propose également une vaste sélection de vins locaux, avec un personnel compétent à votre disposition pour vous proposer des recommandations.

L'atmosphère est chaleureuse et accueillante, avec des tables en bois et un éclairage tamisé créant une ambiance chaleureuse. Et grâce à son emplacement central, El Portal Taberna & Wines est l'arrêt idéal pour une collation avant le dîner ou un verre en fin de soirée.

El Portal Taberna & Wines est ouvert du lundi au samedi, de 12h à 16h et de 19h à minuit.

Quel que soit le restaurant que vous choisissez, vous êtes sûr de savourer un délicieux repas au cœur d'Alicante.

Principales attractions

1. Île de Tabarca

L'île de Tabarca, située juste au large d'Alicante, est un joyau caché de l'Espagne. Sa beauté intacte et immaculée en fait une destination incontournable pour tous ceux qui explorent la région. L'île abrite une petite ville pittoresque avec des maisons blanchies à la chaux et une vieille église historique, où les visiteurs peuvent se plonger dans la riche histoire de l'île.

Se rendre à Tabarca est facile, avec des excursions quotidiennes en bateau depuis le port d'Alicante pour 18 € l'aller-retour, 15 € pour les enfants. La promenade en bateau en elle-même est une expérience, car les eaux autour de Tabarca ont été déclarées réserve marine méditerranéenne pour leur beauté exceptionnelle et l'abondance de leur flore et de leur faune. Le voyage offre une vue imprenable sur le littoral et les eaux cristallines. Sur l'île, les visiteurs peuvent profiter d'une variété d'activités, telles que nager, bronzer et explorer la beauté naturelle de l'île. Bien qu'il y ait un restaurant et une boutique sur l'île, il est recommandé d'emporter un pique-nique car ceux-ci peuvent coûter un peu cher pendant la saison estivale. Il y a une plage et un petit sentier côtier que vous pouvez parcourir jusqu'à ce que vous trouviez l'endroit idéal pour pique-niquer et vous détendre sous le soleil brûlant. N’oubliez surtout pas la crème solaire car l’île est le parfait petit piège à soleil !

2. Altea, Espagne

Le tramway d'Alicante est un mode de transport populaire auprès des touristes et des locaux, offrant une vue imprenable sur le littoral de la Costa Blanca. Les pistes vous emmènent le long du sentier côtier et parfois à travers les collines en traversant certaines des plus belles petites villes et villages isolés. Les arrêts à surveiller sont Altea et San Juan.

Altea est beaucoup plus loin mais vaut vraiment le détour car c'est une très belle petite ville espagnole. L'architecture est influencée par la tradition islamique et est construite sur une pente avec des rues sinueuses dans lesquelles se perdre. La ville est connue pour ses maisons blanchies à la chaux et ses fleurs colorées qui ornent chaque coin. Pour les photographes passionnés, c'est l'endroit idéal pour prendre des photos vraiment spectaculaires avant de se détendre avec un expresso dans l'un des nombreux petits cafés qui servent un excellent café. San Juan, quant à elle, est réputée pour sa vaste étendue de sable et sa mer d'un bleu cristallin, à quelques arrêts du centre-ville d'Alicante. Si vous souhaitez passer une journée à la plage, c'est l'endroit idéal où aller.

3. Château de Santa Barbara

Le riche passé historique d'Alicante est évident dans le magnifique château de Santa Barbara, qui se dresse au pied de la ville. Le château a été construit vers le 9ème siècle et a une histoire de guerre tout en étant parfaitement conservé. Il est facilement accessible car il y a un ascenseur qui vous emmène directement au sommet ou, pour les plus aventureux d'entre vous, un chemin sinueux qui vous mène à l'entrée. Une fois sur place, il y a beaucoup à voir. Les visiteurs peuvent se diriger vers les remparts sur le toit pour admirer des vues spectaculaires et visiter les salles préservées regorgeant d'informations et d'artefacts. Il y a aussi un marché dans la cour vendant des bibelots et des souvenirs faits à la main. Le château est facilement accessible partout avec toutes les installations et un café pour manger, ce qui en fait une visite inclusive pour tout le monde.

4. Plage du Postiguet

Playa del Postiguet, ou plage du Postiguet, est l'une des plus belles plages d'Alicante. La plage est immense et s'étend sur toute la longueur de la ville avant de se jeter dans la ville voisine de San Juan. Quelques heures sur le sable blanc idyllique et les eaux bleues claires et vous oubliez que vous êtes en réalité dans une ville animée. Pendant la haute saison estivale, Alicante est un hotspot pour cause et Playa del Postiguet est la destination numéro un pour de nombreux touristes. Ne vous laissez pas décourager, car il existe des zones moins connues pour échapper à la foule. Promenez-vous le long de la promenade en vous éloignant du centre et en descendant l'extrémité opposée de la plage pour une expérience plus calme et plus relaxante. Il abrite également un petit bar de plage idyllique où vous pourrez siroter un cocktail à l'ombre des feuilles de palmiers et profiter du beau soleil. Une fois le soleil couché, vous pourrez remonter le long de la promenade pour déguster de délicieuses tapas dans l'un des nombreux restaurants en bord de mer.

5. Le quartier

El Barrio, ou la vieille ville, est le cœur historique d'Alicante et l'un des plus beaux endroits pour passer une journée d'errance. Avec ses rues pavées sinueuses et ses appartements espagnols superposés ornés de fleurs, c'est une visite incontournable pour ceux qui recherchent un charme d'antan. Lorsque le soleil se couche, le quartier prend vie alors que tout le monde, des locaux aux touristes, se rend ici pour déguster certains des meilleurs tapas et des cocktails les plus délicieux d'Espagne. Le monde vous appartient car il n'y a pas de fin à la sélection de restaurants et de bars où manger et boire jusqu'au petit matin. La plupart des endroits proposent des offres telles que des tapas gratuites avec chaque boisson, il est donc facile de passer une soirée pas chère avec un budget limité.

6. L'Esplanade d'Espagne

La Explanada de Espana est la promenade principale et la plus belle d'Alicante. Visuellement, il est assez difficile de le manquer et vous allez probablement passer beaucoup de temps ici. La promenade a été construite avec 6,6 millions (!) de carreaux rouges, crème et noirs et créée en 1867 par l'architecte José Guardiola Pico, qui souhaitait accompagner parfaitement la coutume espagnole d'une promenade nocturne. Le motif reflète les vagues ondulantes de la Méditerranée, une scène idyllique complétée par les palmiers bordant l'allée. Promenez-vous en début de soirée pour parcourir les étals du marché présentant des bijoux, des sacs, des sacs à main, des tapis faits à la main et bien plus encore. Tout est représenté ici, des souvenirs espagnols traditionnels aux accessoires modernes. L'atmosphère est animée, faisant de La Explanada de Espana l'endroit idéal pour s'imprégner de la culture locale et observer les gens.

7. Marché central

Si vous souhaitez découvrir une tranche de la vie locale à Alicante, le Mercado Central est une destination incontournable. Ce marché animé est situé au cœur de la ville et est l'un des plus anciens marchés d'Espagne. Il est en activité depuis 1912 et abrite un large éventail de vendeurs vendant de tout, des produits frais et fruits de mer aux charcuteries, fromages et épices. Le marché est un régal pour les sens, avec les arômes des fruits et légumes frais se mêlant au parfum salé de la mer. C'est un endroit idéal pour faire le plein d'ingrédients pour un pique-nique ou simplement parcourir les étals et s'imprégner de l'ambiance. Il y a aussi quelques cafés et bars sur le marché où vous pourrez prendre une collation ou un café.

8. Basilique de Santa Maria

La basilique Santa Maria est un superbe exemple d'architecture gothique et l'un des édifices religieux les plus importants d'Alicante. Il est situé au cœur de la vieille ville et est facilement reconnaissable à son saisissant dôme bleu. La basilique a été construite au 14ème siècle et a été magnifiquement conservée, avec des sculptures complexes et des vitraux qui rendent hommage au savoir-faire des artisans qui l'ont construite. Les visiteurs peuvent faire une visite guidée de la basilique ou simplement se promener seuls, admirant la beauté du bâtiment. C'est un endroit paisible et serein, où vous pourrez échapper à l'agitation de la ville et trouver un moment de calme.

9. Musée archéologique MARQ

Le musée archéologique MARQ est l'un des meilleurs musées d'Espagne et constitue une destination incontournable pour toute personne intéressée par l'histoire et l'archéologie. Le musée est situé dans un bâtiment du XVIIIe siècle magnifiquement restauré et possède une vaste collection d'objets allant de la préhistoire à nos jours. Les visiteurs peuvent faire une visite guidée ou explorer le musée par eux-mêmes, en admirant les expositions fascinantes. De l'âge du bronze à l'Empire romain, le musée couvre un large éventail de périodes de l'histoire et constitue un endroit idéal pour découvrir le riche patrimoine culturel d'Alicante.

10. Cathédrale Saint-Nicolas

La cathédrale San Nicolas est un autre exemple étonnant d'architecture gothique et l'un des bâtiments les plus impressionnants d'Alicante. Il est situé au cœur de la vieille ville et est facilement reconnaissable à sa flèche imposante. La cathédrale a été construite au XVIIe siècle et a été magnifiquement préservée, avec des sculptures complexes et de superbes vitraux. Les visiteurs peuvent faire une visite guidée de la cathédrale ou simplement se promener seuls et admirer la beauté du bâtiment. C'est un endroit paisible et serein, où vous pourrez échapper à l'agitation de la ville et trouver un moment de calme. N'oubliez pas de visiter le magnifique jardin du cloître, un joyau caché qui manque à de nombreux visiteurs.

Meilleures plages

1. Playa del Postiguet : Cette superbe plage est la plus populaire d'Alicante et est située au cœur de la ville. Le sable doux et doré et les eaux cristallines de la mer Méditerranée en font un endroit idéal pour nager et bronzer. La plage est bien équipée avec toutes les commodités et installations, notamment des douches, des chaises longues et des parasols. Vous pourrez admirer la vue imprenable sur le château de Santa Barbara tout en profitant de la brise marine et en profitant du soleil.

2. Playa de San Juan : Avec un beau sable doré s'étendant sur 7 kilomètres, c'est l'une des plages les plus longues et les plus belles d'Alicante. La plage est parfaite pour les amateurs de sports nautiques car elle offre d'excellentes conditions pour le surf, la planche à voile et le kitesurf. Vous pouvez également vous promener le long de la promenade parsemée de plusieurs bars de plage et restaurants, ce qui en fait un endroit parfait pour une soirée.

3. Playa de la Albufereta : Cette plage confortable et paisible est située à seulement quelques kilomètres du centre-ville. Les eaux calmes et peu profondes en font un endroit idéal pour les familles avec de jeunes enfants. La plage est également bien équipée avec toutes les installations nécessaires, notamment des douches, des toilettes et des chaises longues. Vous pourrez vous détendre au soleil, lire un livre ou vous rafraîchir dans la mer.

4. Playa de la Almadraba : Ce joyau caché est situé à la périphérie de la ville et entouré de falaises. La plage offre une vue imprenable sur la mer Méditerranée, et les eaux cristallines et le sable doux et doré en font un

endroit idéal pour nager et bronzer. La plage n'est pas très fréquentée, ce qui en fait un endroit parfait pour une journée paisible.

5. Playa del Saladar : Cette plage isolée est située dans la région de Cabo de las Huertas et entourée de falaises. Les eaux cristallines et le sable doux et doré en font un endroit idéal pour nager et bronzer. La plage est bien équipée avec toutes les installations nécessaires, notamment des douches, des toilettes et des chaises longues. Vous pourrez profiter d'une journée de détente au soleil, loin de l'agitation de la ville.

6. Playa de Muchavista : Cette belle plage s'étend sur 3 kilomètres et est parfaite pour les amateurs de sports nautiques. La plage offre d'excellentes conditions pour le surf, la planche à voile et le kitesurf. Vous pouvez également vous promener le long de la promenade parsemée de plusieurs bars de plage et restaurants, ce qui en fait un endroit parfait pour une soirée.

7. Playa de San Gabriel : Cette petite plage confortable est située à seulement quelques kilomètres du centre-ville. Les eaux calmes et peu profondes en font un endroit idéal pour les familles avec de jeunes enfants. La plage est également bien équipée avec toutes les installations nécessaires, notamment des douches, des toilettes et des chaises longues.

8. Playa de Agua Amarga : Cette plage isolée est située dans la région de Cabo de las Huertas et entourée de falaises. Les eaux cristallines et le sable doux et doré en font un endroit idéal pour nager et bronzer. Vous pourrez profiter d'une journée paisible sous le soleil, loin de la foule.

9. Playa de Urbanova : Cette longue et large plage est située à seulement quelques kilomètres du centre-ville. La plage est parfaite pour les familles avec de jeunes enfants car elle offre des eaux calmes et peu profondes. La plage est également bien équipée avec toutes les installations nécessaires, notamment des douches, des toilettes et des chaises longues.

10. Playa de la Zenia : Cette belle plage est située dans la région d'Orihuela Costa, à seulement quelques kilomètres d'Alicante. Les eaux cristallines et le sable doux et doré en font un endroit idéal pour nager et bronzer. La plage est également bien équipée avec toutes les installations nécessaires, notamment des douches, des toilettes et des chaises longues. Vous pouvez vous promener le long de la promenade et profiter de la vue imprenable sur la mer tout en sirotant un cocktail rafraîchissant dans l'un des nombreux bars et restaurants de plage.

Meilleures choses à faire

1. Explorez le château de Santa Barbara : Perché au sommet du mont Benacantil, le château de Santa Barbara offre une vue panoramique imprenable sur la ville et la mer Méditerranée. Le château remonte au 9ème siècle et constitue une visite incontournable pour les passionnés d'histoire et tous ceux qui recherchent des vues parfaites. En montant vers le château, vous verrez les anciens murs et les tours, et une fois arrivé au sommet, vous serez récompensé par une vue imprenable sur la ville en contrebas et la mer Méditerranée.

2. Promenez-vous dans la vieille ville : la vieille ville historique d'Alicante est un labyrinthe de rues pavées étroites, de charmantes places et de maisons colorées. Découvrez des trésors cachés, des boutiques d'artisans locaux et des bars à tapas traditionnels espagnols en vous promenant dans ce quartier enchanteur. La vieille ville regorge de bâtiments historiques, notamment l'hôtel de ville, la co-cathédrale Saint-Nicolas et le marché central. Vous trouverez également de nombreuses boutiques vendant des objets artisanaux, des souvenirs et des produits alimentaires locaux.

3. Visitez le musée archéologique d'Alicante : Situé dans un bâtiment baroque du XVIIe siècle magnifiquement préservé, le MARQ (Museo Arqueológico de Alicante) présente le riche patrimoine archéologique de la région. Il abrite des objets datant de plusieurs milliers d'années, notamment des vestiges préhistoriques, des mosaïques romaines et des trésors maures. Le musée est interactif et attrayant, proposant des expositions multimédias, des expositions interactives et des activités pratiques pour tous les âges.

4. Détendez-vous sur la plage du Postiguet : Située au pied du mont Benacantil, la plage du Postiguet est l'un des endroits les plus populaires d'Alicante pour bronzer et nager. Avec son sable doré et ses eaux calmes et claires, c'est l'endroit idéal pour se détendre et profiter du soleil méditerranéen. Vous pourrez profiter d'un plongeon rafraîchissant dans la mer ou simplement vous détendre sur la plage et admirer la vue imprenable sur le château et la mer.

5. Plongez dans le monde sous-marin d'Alicante : Les eaux autour d'Alicante regorgent de vie marine, ce qui en fait une destination de choix pour les amateurs de plongée sous-marine et de snorkeling. Explorez les récifs coralliens colorés, les grottes sous-marines et les épaves qui parsèment le littoral et rencontrez un large éventail de flore et de faune marines. Vous pouvez suivre un cours de plongée sous-marine ou louer du matériel de plongée en apnée et explorer le monde sous-marin par vous-même.

6. Contemplez l'Explanada de España : Cette promenade pittoresque bordée de palmiers, connue sous le nom d'Explanada de España, s'étend le long du front de mer et constitue un lieu de rassemblement privilégié pour les habitants et les visiteurs. Profitez d'une promenade tranquille, savourez un verre dans l'une des nombreuses terrasses de café ou regardez simplement le monde passer dans cet espace urbain dynamique et animé. La promenade est bordée de palmiers, de carrelages colorés et de bancs où vous pourrez vous asseoir et profiter de la vue sur la mer.

7. Émerveillez-vous devant la cathédrale Saint-Nicolas : La cathédrale Saint-Nicolas de style baroque à couper le souffle, également connue sous le nom de cathédrale Saint-Nicolas de Bari, est un chef-d'œuvre architectural incontournable. Admirez sa façade complexe, son intérieur orné et son clocher imposant, et ne manquez pas l'occasion de grimper au sommet pour une vue panoramique sur la ville. La cathédrale est située au cœur de la vieille ville et constitue l'un des monuments religieux les plus importants d'Alicante.

8. Promenez-vous dans le marché central : Un régal pour les sens, le Mercado Central de Alicante est un marché animé où les habitants et les visiteurs viennent acheter des produits frais, des fruits de mer, des viandes et une variété de spécialités locales. Perdez-vous dans l'atmosphère animée et dégustez quelques-uns des délices culinaires de la région. Le marché est un excellent endroit pour déguster des plats traditionnels espagnols comme la paella, les tapas et les fruits de mer frais.

9. Conduisez jusqu'aux salines de Santa Pola : À quelques minutes en voiture d'Alicante, les salines de Santa Pola sont une zone naturelle pittoresque où le sel est récolté depuis des siècles. Observez les étangs salés aux teintes roses et découvrez les méthodes traditionnelles de production de sel qui ont façonné le paysage et la culture de la région. Les salines sont un endroit idéal pour observer les oiseaux et les nombreuses espèces d'oiseaux qui vivent dans la région.

10. Détendez-vous au parc El Palmeral : Échappez à l'agitation de la ville et plongez-vous dans la nature au parc El Palmeral. Cette oasis tranquille abrite des palmiers luxuriants, des jardins bien entretenus, des sentiers ombragés et

des étangs tranquilles, offrant le cadre idéal pour un pique-nique tranquille ou une promenade paisible l'après-midi. Le parc est un endroit populaire auprès des habitants et des visiteurs et constitue un excellent endroit pour se détendre et se ressourcer.

11. Découvrez le musée d'art contemporain : Le MACA (Museo de Arte Contemporáneo de Alicante) est un musée d'art moderne installé dans l'historique Casa de la Asegurada. Présentant une collection diversifiée d'œuvres d'artistes espagnols du XXe siècle à nos jours, le musée offre une expérience inspirante et stimulante aux amateurs d'art. Le musée est situé au cœur de la vieille ville et constitue une visite incontournable pour quiconque s'intéresse à l'art contemporain.

12. Savourez la cuisine locale : Alicante est un paradis pour les gourmands, offrant une richesse de plats traditionnels et de spécialités locales. Dégustez de délicieuses tapas, des fruits de mer frais, de la paella et d'autres délices méditerranéens dans l'une des nombreuses tavernes chaleureuses, restaurants élégants et chiringuitos en bord de mer de la ville. La cuisine locale est une fusion de saveurs espagnoles, maures et méditerranéennes et se caractérise par des ingrédients frais et des saveurs audacieuses.

13. Vivez le Festival des Hogueras de San Juan : Si vous visitez Alicante fin juin, ne manquez pas les Hogueras de San Juan, un festival spectaculaire et animé qui célèbre l'arrivée de l'été. Regardez la ville s'animer avec des défilés colorés, de la musique, de la danse et l'incendie emblématique d'effigies gigantesques connues sous le nom de hogueras. Le festival célèbre le riche

patrimoine culturel d'Alicante et constitue un incontournable pour tous ceux qui visitent la ville.

14. Faites une excursion d'une journée sur l'île de Tabarca : À quelques minutes en bateau d'Alicante, l'île de Tabarca est une petite enclave pittoresque avec des eaux cristallines, des falaises côtières escarpées et un paisible village de pêcheurs. Explorez les charmantes rues de l'île, savourez des fruits de mer frais dans un restaurant en bord de mer et découvrez la riche histoire maritime de cette île unique. L'île de Tabarca est une destination populaire pour les excursions d'une journée et constitue un excellent endroit pour se détendre et profiter de la beauté naturelle de la Méditerranée.

15. Profitez des sports nautiques à Playa de San Juan : Pour les accros à l'adrénaline et les amateurs de sports nautiques, Playa de San Juan est l'endroit idéal. Cette longue plage de sable offre d'excellentes conditions pour la planche à voile, le paddleboard, le kitesurf et d'autres activités aquatiques, ce qui en fait un lieu incontournable pour les amateurs de sports nautiques. La plage est également un endroit idéal pour se détendre et profiter du soleil, avec de nombreux bars et cafés de plage pour vous rafraîchir.

16. Visitez le monastère de Santa Faz : Le monastère de Santa Faz est un site religieux magnifique et historique situé juste à l'extérieur d'Alicante. Datant du XVe siècle, le monastère abrite une relique vénérée, un morceau de tissu qui aurait été utilisé pour essuyer le visage de Jésus-Christ alors qu'il se rendait à sa crucifixion. Le monastère est un lieu de pèlerinage populaire et est ouvert aux visiteurs toute l'année.

17. Explorez le château de San Fernando : Le château de San Fernando est une forteresse bien conservée située juste à l'extérieur d'Alicante. Construit au XIXème siècle, le château offre une vue imprenable sur la ville et la campagne environnante. Le château est ouvert aux visiteurs et propose des visites guidées et des reconstitutions historiques.

18. Visitez le musée taurin : Le musée taurin d'Alicante est un musée fascinant dédié à l'histoire et à la culture de la tauromachie en Espagne. Situé dans les arènes de la Plaza de Toros, le musée présente une collection de souvenirs taurins, notamment des costumes, des photographies et des affiches taurines historiques. Le musée est une visite incontournable pour tous ceux qui s'intéressent à la culture et à l'histoire espagnoles.

19. Découvrez le château de Santa Bárbara : Le château de Santa Bárbara est une forteresse massive qui domine l'horizon d'Alicante. Datant du IXème siècle, le château offre une vue imprenable sur la ville et la mer. Le château est ouvert aux visiteurs et propose des visites guidées et des reconstitutions historiques.

20. Faites une excursion d'une journée à Guadalest : Guadalest est un village pittoresque situé dans les montagnes juste à l'extérieur d'Alicante. Le village est connu pour sa beauté naturelle époustouflante, ses monuments historiques et son artisanat traditionnel. Explorez l'ancien château, visitez les musées locaux et achetez des objets artisanaux et des souvenirs dans les charmantes rues de ce village unique.

Shopping à Alicante

Faire du shopping à Alicante est une expérience délicieuse, avec une grande variété d'options disponibles pour répondre aux préférences de chaque acheteur. La ville abrite plusieurs quartiers commerçants de premier plan, chacun offrant un mélange unique de marques locales et internationales. L'Explanada de España, une promenade pittoresque bordée de palmiers et d'une architecture époustouflante, est une destination shopping populaire. Ici, les visiteurs peuvent parcourir un assortiment de boutiques de souvenirs, de boutiques de mode et de magasins artisanaux tout en admirant la vue imprenable sur la mer Méditerranée.

Un autre quartier commerçant populaire d'Alicante est l'Avenida Maisonnave, une artère animée qui abrite un mélange de détaillants haut de gamme, de grands magasins et de boutiques spécialisées. Les amateurs de mode trouveront ici une multitude d'options, des marques espagnoles renommées comme Zara et Mango aux marques internationales telles que H&M et Massimo Dutti. La rue commerçante abrite également une culture de cafés dynamique, ce qui en fait un endroit idéal pour une journée tranquille de shopping.

Pour ceux qui recherchent une expérience de shopping plus traditionnelle, la vieille ville d'Alicante est un trésor de joyaux cachés. Les rues pavées sinueuses sont ornées de charmantes boutiques vendant des objets artisanaux, des bijoux uniques et des produits artisanaux. Le Mercado Central, un marché historique datant des années 1920, est une visite incontournable pour les gourmands, proposant une gamme de produits frais, de spécialités locales et d'ingrédients traditionnels espagnols.

Alors que les quartiers commerçants d'Alicante sont réputés pour leurs offres de vente au détail modernes, les marchés locaux de la ville offrent un aperçu authentique de la culture et du patrimoine dynamiques de la région. Voici les 10 meilleurs marchés locaux d'Alicante qui valent la peine d'être explorés :

1. El Corte Inglés : Ce grand magasin haut de gamme est un haut lieu du shopping, proposant une large gamme de produits allant de la mode et de la beauté aux articles pour la maison et à la gastronomie. El Corte Inglés est la plus grande chaîne de grands magasins d'Espagne et a la réputation d'offrir des produits et des services de haute qualité.

2. Mercado Central : Situé au cœur de la vieille ville d'Alicante, Mercado Central est un marché animé qui présente le meilleur des produits locaux, des fruits de mer, des viandes et des produits artisanaux. Le marché est une expérience sensorielle, avec des étalages colorés de fruits et légumes frais, l'arôme du pain fraîchement sorti du four et le bruit des vendeurs appelant leurs marchandises.

3. Mercado de Carolinas : Ce marché animé est connu pour son atmosphère animée et sa gamme diversifiée de produits, notamment des fruits et légumes frais, des vêtements et des articles ménagers. Le marché est un endroit populaire auprès des locaux pour faire leurs achats pour leurs besoins quotidiens, et les visiteurs peuvent trouver de bonnes affaires sur une grande variété de produits.

4. Mercado de Campoamor : Niché sur une charmante place, le Mercado de Campoamor est une destination populaire pour les aliments biologiques et gastronomiques, ainsi que pour l'artisanat et les cadeaux. Le marché présente un mélange de vendeurs vendant des produits frais, des viandes et des fruits de mer, ainsi que des bijoux faits à la main, des poteries et d'autres objets uniques.

5. Mercado de Teulada : Ce marché emblématique est une plaque tournante pour les fruits de mer frais, la viande et les spécialités locales, ainsi qu'une variété d'articles ménagers et de textiles. Le marché est connu pour son atmosphère animée, avec des vendeurs qui vantent leurs produits et des clients qui marchandent pour obtenir les meilleurs prix.

6. Mercado de Benalúa : offrant un mélange de produits traditionnels et modernes, ce marché est un favori parmi les locaux pour sa gamme diversifiée d'offres, notamment des produits frais, des vêtements et des appareils électroniques. Le marché est situé dans un bâtiment moderne et abrite un mélange de vendeurs intérieurs et extérieurs.

7. Mercado de Babel : Ce marché moderne est une plaque tournante pour les produits biologiques et durables, notamment les fruits et légumes frais, les aliments artisanaux et l'artisanat fait à la main. Le marché est situé dans un bâtiment élégant et moderne et propose une large gamme de produits provenant de vendeurs locaux.

8. Mercado de San Juan : Situé dans le quartier animé de San Juan, ce marché propose une gamme variée de produits, notamment des fruits de mer frais,

des viandes et des spécialités locales. Le marché est connu pour ses vendeurs sympathiques, heureux de discuter avec les clients et de proposer des échantillons de leurs produits.

9. Mercado Central de Alicante : Ce marché historique est une visite incontournable pour sa large gamme d'offres, notamment des produits frais, des viandes, des fruits de mer et des produits traditionnels espagnols. Le marché est installé dans un magnifique bâtiment Art nouveau et offre un aperçu de la riche histoire et de la culture d'Alicante.

10. Mercado de San Vicente : Niché dans le charmant quartier de San Vicente, ce marché est connu pour son atmosphère authentique et sa gamme diversifiée de produits, notamment des fruits et légumes frais, des vêtements et des articles ménagers. Le marché est un endroit populaire auprès des locaux pour faire leurs courses et offre un aperçu de la vie quotidienne à Alicante.

Souvenirs locaux

1. Produits à base d'herbe d'esparto

L'herbe d'Esparto est un matériau durable et flexible qui est utilisé par les artisans locaux d'Alicante depuis des siècles pour créer divers objets artisanaux traditionnels. Ces objets artisanaux comprennent des paniers, des sacs et des objets décoratifs qui sont souvent fabriqués à la main et reflètent la longue tradition de tissage de la région. Les artisans locaux sont fiers de leur métier et les produits qu'ils créent sont à la fois pratiques et esthétiques. Les techniques de tissage utilisées par ces artisans se sont transmises de génération en génération, faisant de chaque pièce une œuvre d'art unique.

2. Céramique et poterie

Alicante possède une riche tradition de poterie, avec des motifs complexes et des couleurs vives qui ornent les assiettes, les bols, les vases et les carreaux. Les visiteurs peuvent trouver de belles céramiques dans les magasins et les marchés locaux, chaque pièce représentant un mélange unique de styles modernes et traditionnels. Le processus de fabrication de la poterie est un travail d'amour qui consiste à façonner, émailler et cuire chaque pièce à la perfection. Les produits résultants ne sont pas seulement fonctionnels, mais constituent également de belles décorations pour n'importe quelle maison.

3. Touron

Le touron est l'une des friandises les plus appréciées d'Espagne et occupe une place particulière dans le cœur des habitants d'Alicante. Ce nougat aux amandes se décline dans une variété de saveurs, notamment l'amande traditionnelle, le chocolat et les fruits, et est fabriqué avec des ingrédients d'origine locale. Le processus de fabrication du turron nécessite de la patience et du savoir-faire, et implique de rôtir, broyer et mélanger des amandes avec du miel et du sucre. Le turron est un choix populaire pour ceux qui cherchent à ramener à la maison un avant-goût d'Alicante.

4. Vins d'Alicante

La région d'Alicante est connue pour ses excellents vins, avec des vignobles centenaires produisant une variété de vins rouges, blancs et de dessert. Les visiteurs peuvent acheter des bouteilles de vins produits localement, tels que les célèbres vins d'appellation d'origine (DO) d'Alicante, pour savourer les saveurs et les arômes uniques de la région. Le climat chaud et ensoleillé de la région offre des conditions idéales pour la culture du raisin, ce qui donne lieu à une grande variété de vins délicieux qui reflètent le terroir d'Alicante.

5. Chapeaux d'herbe sparto

Les chapeaux tissés à la main en sparte sont un accessoire traditionnel à Alicante, offrant à la fois style et protection solaire. Ces chapeaux sont populaires auprès des habitants et des visiteurs et constituent un souvenir pratique et distinctif. Les chapeaux sont légers et respirants, ce qui les rend parfaits pour le climat chaud et ensoleillé d'Alicante. Chaque chapeau est unique et les motifs de tissage reflètent le savoir-faire et la créativité des artisans locaux.

6. Huile d'olive

Le climat méditerranéen d'Alicante est idéal pour la culture des olives et la région est connue pour ses huiles d'olive de haute qualité. Les visiteurs peuvent acheter des bouteilles d'huile d'olive extra vierge produite localement, réputées pour leur riche saveur et leur polyvalence en cuisine. Le processus de fabrication de l'huile d'olive consiste à cueillir, laver, broyer et presser les olives pour en extraire l'huile. Le produit obtenu est un liquide doré, à la fois sain et délicieux.

7. Figurines Lladro

Lladro est une marque espagnole renommée qui crée de superbes figurines et pièces décoratives en porcelaine. Les visiteurs peuvent trouver une variété de produits Lladro à Alicante, y compris des designs traditionnels et contemporains qui en font des souvenirs élégants et intemporels. Chaque pièce est méticuleusement fabriquée par des artisans qualifiés qui utilisent des techniques perfectionnées au fil de nombreuses années. Le résultat est une œuvre d'art époustouflante qui capture la beauté et l'essence d'Alicante.

8. Safran

Connu sous le nom d'« or rouge », le safran est une épice très prisée dérivée de la fleur de crocus. Alicante est une région productrice clé de safran en Espagne, et les visiteurs peuvent acheter cette épice aromatique pour ajouter une touche de saveur méditerranéenne à leur cuisine. Le processus de fabrication du safran demande beaucoup de travail et consiste à cueillir les fleurs délicates à la main et à extraire soigneusement les stigmates. Le produit obtenu est une épice parfumée et savoureuse utilisée depuis des siècles dans la cuisine méditerranéenne.

9. Dentelle brodée

L'art de la dentelle faite à la main fait partie de la culture d'Alicante depuis des siècles. Les produits en dentelle finement brodés, tels que les mouchoirs, les nappes et les vêtements, mettent en valeur le patrimoine de la région et constituent des souvenirs exquis. Le processus de fabrication de la dentelle consiste à tisser soigneusement des fils délicats pour former des motifs complexes, ce qui donne un produit à la fois beau et délicat. Chaque pièce est unique et reflète le savoir-faire et la créativité des artisans locaux.

10. Éventails peints à la main

Dans toute l'Espagne, les éventails peints à la main sont un symbole de tradition et d'élégance. Les visiteurs peuvent trouver des éventails magnifiquement fabriqués à Alicante, présentant des designs complexes et des couleurs vives, offrant un souvenir unique et pratique. Chaque éventail est méticuleusement peint par des artisans qualifiés qui utilisent des techniques transmises depuis des générations. Le produit résultant est une superbe œuvre d'art à la fois fonctionnelle et belle.

11. Produits à base d'oranges et de citron

Les terres fertiles entourant Alicante sont connues pour leurs agrumes, notamment les oranges et les citrons. Les voyageurs peuvent trouver une gamme de produits infusés aux agrumes, notamment des marmelades, des savons et des liqueurs, offrant un souvenir rafraîchissant et aromatique. Le processus de fabrication des agrumes consiste à cueillir et à sélectionner soigneusement les meilleurs fruits, puis à les peler, les presser et les transformer. Les produits obtenus regorgent de saveurs et offrent un goût de Méditerranée.

12. Châles en soie brodés

Les châles en soie ornés de broderies colorées sont un accessoire traditionnel à Alicante, reflétant le patrimoine culturel et artisanal de la région. Ces châles luxueux et vibrants constituent un souvenir élégant et distinctif. Chaque châle est conçu de manière unique et soigneusement brodé par des artisans locaux fiers de leur métier. Le résultat est une superbe œuvre d'art à la fois pratique et belle.

13. Friandises aux amandes

Le terroir fertile d'Alicante est parfait pour la culture des amandes, ce qui donne lieu à une abondance de friandises à base d'amandes. Les visiteurs peuvent déguster et acheter du massepain, des cassants aux amandes et d'autres confiseries à base d'amandes d'origine locale. Le processus de fabrication des amandes consiste à rôtir, broyer et mélanger les noix avec du sucre ou du miel pour créer des friandises délicieuses et saines. Ces gourmandises sont parfaites pour ceux qui recherchent un souvenir sucré et sain.

14. Carreaux peints à la main

La riche histoire d'Alicante est souvent représentée dans des carreaux peints à la main, qui présentent des motifs complexes et colorés. Les visiteurs peuvent acheter ces carreaux décoratifs comme souvenir unique et artistique de leur séjour dans la ville. Chaque carreau est soigneusement peint par des artisans qualifiés qui utilisent des techniques perfectionnées au fil de nombreuses années. Le produit résultant est une œuvre d'art époustouflante qui capture l'essence de la riche histoire d'Alicante.

15. Bijoux en corail

Alicante a une longue tradition de pêche au corail et de fabrication de bijoux, et les visiteurs peuvent trouver de magnifiques bijoux en corail dans les magasins et les marchés locaux. Ces accessoires uniques et saisissants témoignent du patrimoine maritime de la région. Chaque bijou est soigneusement fabriqué par des artisans locaux fiers de leur métier. Le résultat est une œuvre d'art époustouflante, à la fois belle et significative.

Activités nocturnes

1. Croisière en bateau au coucher du soleil

Si vous recherchez une façon unique de découvrir la beauté d'Alicante, une croisière en bateau au coucher du soleil est le choix parfait. Montez à bord d'un catamaran spacieux et profitez de paysages époustouflants tout en naviguant sur la côte de la Costa Blanca. L'équipage amical et joyeux vous proposera des collations et des boissons pendant que vous profiterez du soleil, danserez ou discuterez avec de nouveaux amis. La plupart des excursions en catamaran à Alicante font une escale sur une île voisine, où vous pourrez vous rafraîchir dans les eaux cristallines ou bronzer sur le sable blanc. Si vous souhaitez explorer sous les vagues, vous pourrez faire de la plongée avec tuba avec le matériel fourni. Vous retournerez à votre bateau et profiterez d'un coucher de soleil inoubliable en rentrant au port, bronzé et heureux. L'excursion en bateau est parfaite pour les couples à la recherche d'une soirée romantique, ainsi que pour ceux qui recherchent l'aventure ou la vie nocturne. La visite est également idéale pour les amateurs de photographie qui souhaitent capturer la beauté du coucher de soleil devant un appareil photo. Le lieu de l'excursion en bateau est l'Avenida Conde de Vallellano et vous pouvez les contacter au +34 694 44 38 20.

2. Place Gabriel Miró

La place Gabriel Miró est un endroit pittoresque qui offre une soirée de détente entourée d'imposants arbres centenaires. Admirez les impressionnantes sculptures et la jolie fontaine qui s'illumine la nuit.

L'ambiance ici est agréable et agréable pour toute la famille ou pour une sortie en solo. Apportez une bouteille de vin et profitez d'un pique-nique romantique ou détendez-vous avec un livre. Assurez-vous de prendre quelques photos dans cet endroit pittoresque pour vous souvenir de vos vacances. Après avoir profité du charme de la Plaça Gabriel Miró, continuez votre aventure dans les environs où vous trouverez de nombreux cafés, restaurants et boutiques. La place est parfaite pour ceux qui recherchent une sortie économique ou pour les familles à la recherche d'une soirée paisible. L'adresse de la Plaça Gabriel Miró est 03001.

3. Avenue de la Costa Blanca

L'Avenida Costa Blanca est un quartier de vie nocturne populaire parallèle à la plage de San Juan. Ici, vous n'aurez que l'embarras du choix parmi les nombreux types de lieux de soirée, comme les clubs de danse, les bars à tapas, les bars à vin, les salles de concert, les pubs irlandais et les bars de plage. Prenez des collations et des boissons dans un bar à tapas animé ou dansez jusqu'à ce que vous vous arrêtiez dans l'un des clubs qui restent ouverts jusqu'aux petites heures du matin. L'Avenida Costa Blanca offre une soirée mémorable avec des divertissements uniques, car les lieux ici accueillent souvent des occasions spéciales. Profitez d'une variété de spectacles théâtraux ou musicaux, d'événements culinaires et même de glaciers éphémères. L'emplacement de l'Avenida Costa Blanca est l'Avinguda de la Costa Blanca, et elle est parfaite pour les amateurs de gastronomie et de vie nocturne.

4. Le quartier

Le quartier El Barrio, dans la vieille ville d'Alicante, abrite des bars et pubs animés, des discothèques ouvertes tard le soir, des cafés branchés et des restaurants haut de gamme. Animé et populaire auprès des locaux et des touristes, El Barrio est un endroit idéal pour rencontrer de nouvelles personnes ou socialiser entre amis autour d'un verre. Trouvez une place sur une terrasse et profitez du temps chaud, des boissons rafraîchissantes et du bruit de la foule. Vous pouvez également danser toute la nuit au son d'un DJ live dans l'un des clubs qui restent ouverts tard le matin. Les amateurs de sport seront ravis de visiter l'un des pubs proposant des bières fraîches et des écrans géants diffusant les matchs populaires. L'emplacement d'El Barrio est 03002 et il est parfait pour ceux qui recherchent une vie nocturne animée et une bonne cuisine.

5. Théâtre principal d'Alicante

Visitez le Teatro Principal de Alicante pour une soirée chic dans une atmosphère authentique d'Alicante. Le théâtre est impressionnant tant à l'extérieur qu'à l'intérieur. Vous apprécierez l'histoire du bâtiment, avec son architecture intéressante et ses immenses colonnes. À l'intérieur, vous trouverez un décor riche et des sièges de niveau qui garantissent à chacun une vue magnifique. Il y a une variété de spectacles ici pour vous ravir, tels que des spectacles d'humour, des comédies musicales, des ballets et des groupes hommage. Les familles seront ravies de constater que le théâtre organise des soirées spéciales avec des spectacles pour les enfants. Le théâtre est idéalement situé à côté des bars à tapas et des restaurants, vous pourrez donc terminer votre soirée avec une collation ou une boisson. L'emplacement du Teatro Principal de Alicante est la Plaza Chapi et vous pouvez les contacter au +34

965 20 31 00. Il est parfait pour ceux qui recherchent une expérience culturelle ou une soirée en famille.

6. Le port

El Puerto, le port de la ville, abrite certaines des vies nocturnes les plus belles et les plus populaires. La beauté de la mer et la brise fraîche de l'océan constituent une toile de fond idéale pour les bars de plage en plein air, les cafés, les clubs et les restaurants. En été, vous pouvez également visiter les chiringuitos, de petits kiosques vendant des boissons et des tapas directement sur la plage. Tentez votre chance au casino populaire et de longue date d'El Puerto : le Casino Mediterráneo Alicante. Vous apprécierez le mélange de machines à sous, de tables de jeux, de restaurants et d'une galerie d'art. Passez votre soirée à prendre un verre, à jouer au poker et à apprécier les expositions dans la galerie d'artistes de renom tels que des peintres et des écrivains. L'emplacement d'El Puerto est 03001 et il est parfait pour ceux qui recherchent une expérience de vie nocturne amusante et balnéaire.

7. Club de cocktails méditerranéens Marmarela

Marmarela est un agréable club de plage en plein air, idéal pour les couples à la recherche d'une soirée romantique. Le club offre une atmosphère amusante et intime avec de la musique DJ live et une variété de cocktails au choix. Vous apprécierez la beauté de la mer et la brise fraîche de l'océan tout en vous relaxant avec votre partenaire. Marmarela Mediterranean Cocktail Club est situé à . C'est parfait pour les couples à la recherche d'une soirée romantique.

8. Marché central

Le Mercado Central est un marché animé au cœur d'Alicante qui offre une expérience de shopping unique. Le marché est un délice sensoriel, avec des couleurs vives, des odeurs fraîches et le bruit des vendeurs qui crient leurs marchandises. Vous y trouverez une grande variété de fruits et légumes frais, de viandes, de fruits de mer, de fromages et d'autres produits locaux. Prenez votre temps pour explorer le marché et discuter avec les vendeurs, qui se feront un plaisir de partager leur connaissance des produits qu'ils vendent. Vous trouverez également plusieurs bars à tapas et restaurants sur le marché, où vous pourrez déguster une collation ou une boisson rafraîchissante. L'emplacement du Mercado Central est l'Avenida Alfonso X El Sabio, et il est parfait pour ceux qui recherchent une expérience de shopping et de restauration unique.

9. Château de Santa Barbara

Le Castillo de Santa Bárbara est une superbe forteresse située au sommet d'une colline surplombant Alicante. Le château a une histoire riche qui remonte au 9ème siècle et offre un aperçu fascinant du passé. Vous pourrez explorer les nombreuses pièces et cours du château et admirer une vue imprenable sur la ville et la mer. Le château accueille également une variété d'événements culturels, notamment des concerts, des représentations théâtrales et des expositions d'art. Consultez le calendrier du château pour voir quels événements se déroulent lors de votre visite. L'emplacement du Castillo de Santa Bárbara est le mont Benacantil et il est parfait pour ceux qui recherchent une expérience historique et culturelle.

10. Esplanade d'Espagne

L'Explanada de España est une belle promenade qui longe le front de mer d'Alicante. La promenade est bordée de palmiers, de mosaïques colorées et de cafés en plein air, et offre une vue imprenable sur la mer Méditerranée. Vous pouvez vous promener tranquillement le long de la promenade ou vous asseoir dans l'un des cafés et savourer une boisson rafraîchissante tout en regardant le monde passer. L'Explanada de España abrite également plusieurs marchés et artistes de rue, ce qui en fait un lieu animé et divertissant à visiter. Assurez-vous de prendre le temps de vous détendre et de vous imprégner de la beauté de ce lieu emblématique. L'emplacement de l'Explanada de España est le Paseo de la Explanada, et il est parfait pour ceux qui recherchent une sortie relaxante et pittoresque.

Festivals à Alicante

Alicante est une ville profondément ancrée dans la culture et la tradition, les festivals et célébrations jouant un rôle important dans le mode de vie de la ville. Ces événements sont souvent remplis de musique, de danse et de fêtes de rue, offrant l'occasion aux habitants et aux visiteurs de se réunir et de célébrer. Que vous envisagiez d'étudier à l'étranger à l'automne, au printemps ou en été, vous aurez la chance de vivre l'un des festivals d'Alicante. Voici cinq festivals que les étudiants adorent et qui vous laisseront des souvenirs inoubliables et des photos dignes d'Instagram.

Les feux de joie de la Saint-Jean (Hogueras de San Juan) sont un événement qui marque l'arrivée de l'été à Alicante. Ce festival est célébré depuis des siècles et a lieu du 20 au 24 juin et attire des visiteurs de toute l'Espagne. Le festival implique de la fête, de la musique et du feu, le traditionnel Plantá ayant lieu le premier soir. Pendant ce temps, une grande Hoguera et une Hoguera pour enfants sont créées dans chaque quartier de la ville. Ces Hogueras ne sont pas de simples feux de joie mais des statues géantes ou des figures d'art, représentant souvent de manière satirique d'importantes personnalités locales ou nationales. Les jours suivants sont riches en activités diverses, telles qu'une offrande de fleurs, un défilé folklorique international, des mascletás (expositions pyrotechniques) et des corridas. Le festival culmine avec la traditionnelle Cremá le dernier soir, ce qui en fait un événement incontournable si vous étudiez à l'étranger pendant le trimestre d'été.

Le Carnaval d'Alicante est l'un des carnavals les plus populaires de la communauté valencienne. Le carnaval est une période festive célébrée avant le temps chrétien du Carême, dont l'objectif principal est de s'amuser. Le carnaval a lieu en février ou début mars, le jour le plus important étant Sábado Ramblero. Ce jour-là, les gens descendent dans la rue vêtus de leurs tenues les plus originales, originales ou traditionnelles. Les célébrations du Carnaval se terminent le mercredi des Cendres avec l'Entierro de la Sardina (Enterrement de la Sardine), où il est de coutume de porter du noir et de pleurer la Sardine.

La Fête des Maures et des Chrétiens est une commémoration des batailles entre chrétiens et musulmans pendant la Reconquista. Les participants au

Festival sont divisés en deux groupes : les Maures et les Chrétiens, les Maures « prenant » la ville et les Chrétiens la reprenant le lendemain. Le festival comprend plusieurs événements pour simuler des batailles avec des armées défilant à travers la ville, avec des participants vêtus de tenues rappelant les guerriers du passé qui combattaient il y a des siècles. La fête remonte aux XVIe et XVIIe siècles, ce qui en fait un événement profondément ancré dans l'histoire. Quelle que soit la période de l'année à laquelle vous décidez d'étudier à l'étranger avec la SSA, vous pourrez probablement assister à un festival des Maures et des Chrétiens à proximité.

La Semana Santa ou Semaine Sainte est célébrée la semaine précédant Pâques. Cette année, la semaine s'étend du 2 au 8 avril, ce qui en fait une excellente période pour assister aux processions et aux repas traditionnels. Le quartier de Santa Cruz, le mercredi saint, est l'endroit où vous pourrez assister à la procession de la Confrérie de la Sainte Croix, tandis que le Christ est porté en bateau au coucher du soleil le lundi saint. Vous verrez les participants à la procession porter de grands chapeaux coniques dont les origines remontent au XVe siècle. Le dimanche de Pâques est rempli de processions colorées et de consommation de la mona de pascua, la friandise traditionnelle d'Alicante. Le mona est un pain sucré allongé ou rond avec un œuf dur au centre, et il est de coutume d'écraser l'œuf sur le front d'un membre de la famille ou d'un ami pendant qu'il est distrait.

La Fête du Porrat de San Anton, bien que moins connue, reste un événement important parmi les habitants d'Alicante. Le festival a lieu en janvier et rend hommage au saint patron des animaux domestiques. Généralement organisé dans le quartier de San Anton, les habitants se rassemblent pour la bénédiction de leurs animaux domestiques. Le Porrat est comme une foire traditionnelle, vendant des produits locaux tels que des fruits secs, des noix, de la gelée, des pois chiches secs et le nougat spécial turron de novia (nougat de la mariée). Le festival se termine par des feux d'artifice, témoignant des traditions et coutumes du peuple espagnol.

Informations pratiques

Voici quelques conseils de voyage utiles pour profiter au maximum de votre visite dans cette belle ville de la Costa Blanca :

- Pack pour le climat méditerranéen : Alicante bénéficie d'un climat méditerranéen avec des étés chauds et secs et des hivers doux et humides. Emportez des vêtements légers pour les mois d'été, mais apportez également quelques couches pour les soirées plus fraîches d'hiver.
- Protection solaire : N'oubliez pas la crème solaire, les lunettes de soleil et un chapeau pour vous protéger des rayons intenses, surtout en été.
- Monnaie : La monnaie utilisée à Alicante est l'euro (EUR). Assurez-vous d'avoir de l'argent liquide à portée de main, même si les cartes de crédit et de débit sont largement acceptées.
- Langue : Bien que l'espagnol soit la langue officielle, de nombreuses personnes à Alicante, en particulier dans les zones touristiques, parlent anglais. Apprendre quelques phrases de base en espagnol peut être utile et apprécié par les locaux.
- Transports : La ville est bien desservie par les transports en commun, notamment les bus et les tramways. Pensez à acheter une carte Bonobús pour bénéficier de tarifs réduits si vous prévoyez d'utiliser fréquemment les transports en commun.
- Marche : Alicante est une ville accessible à pied, en particulier dans la vieille ville et le long de la promenade Explanada de España. Portez des chaussures confortables pour explorer ses charmantes rues.

- Cuisine : Ne manquez pas l'occasion de goûter aux plats locaux comme la paella, les fruits de mer et les tapas. Alicante est connue pour ses excellents fruits de mer, alors offrez-vous des prises fraîches.
- Eau du robinet : L'eau du robinet à Alicante est généralement potable, mais beaucoup préfèrent l'eau en bouteille pour son goût.
- Sécurité : Alicante est considérée comme une ville sûre pour les touristes, mais comme pour toute destination touristique, faites attention à vos biens et à votre environnement, en particulier dans les zones très fréquentées.
- Étiquette sur la plage : lorsque vous visitez les plages, suivez l'étiquette locale en réduisant les niveaux de bruit et en éliminant correctement les déchets.
- Numéros d'urgence : en cas d'urgence, composez le 112 pour les urgences générales, y compris la police, l'assistance médicale et les pompiers.
- Pourboires : Il est habituel de donner des pourboires dans les restaurants et les cafés. Il est courant de laisser un petit pourboire (environ 10 %) pour un bon service.

N'oubliez pas qu'Alicante n'est pas seulement une ville avec de belles plages mais aussi un lieu riche en histoire, culture et gastronomie. Bonne visite et adoptez le style de vie méditerranéen détendu !

Phrases et vocabulaires utiles

Salutations et phrases de base :

1. Bonjour - Bonjour
2. Bonjour - Bonjour
3. Bonjour - Bonjour
4. Bonsoir - Bonsoir/nuit
5. Comment vas-tu ? -Comment vas-tu?
6. Quel est ton nom ? -Quel est ton nom?
7. Me llamo [Nom] - Je m'appelle [Nom]
8. ¿Qué tal? - Comment ça va?
9. Comment puis-je vous aider ? -Comment puis-je t'aider?
10. Où est la salle de bain ? -Où se trouvent les toilettes?
11. Gracias - Merci
12. De rien - De rien
13. S'il vous plaît
14. Désolé - je suis désolé
15. Parlez-vous anglais ? -Parles-tu anglais?

Naviguer dans la ville :

16. Où est la plage ? -Où est la plage?
17. Comment puis-je me rendre au centre-ville ? -Comment puis-je me rendre au centre-ville ?
18. Combien coûte un taxi jusqu'à [destination] ? - Combien coûte un taxi jusqu'à [destination] ?
19. Y a-t-il un supermarché à proximité ? - Y a-t-il un supermarché à proximité ?

20. Où puis-je trouver un guichet automatique ? -Où puis-je trouver un guichet automatique ?
21. Quelle est la meilleure façon de se rendre au château de Santa Barbara ? -Quelle est la meilleure façon de se rendre au château de Santa Barbara ?
22. Où se trouve la gare ferroviaire/bus ? -Où est la gare ferroviaire/bus ?
23. Quelle est l'adresse de l'office de tourisme ? - Quelle est l'adresse de l'office de tourisme ?
24. Où puis-je louer une voiture/un vélo ? -Où puis-je louer une voiture/un vélo ?
25. Comment puis-je me rendre à l'aéroport ? -Comment puis-je me rendre à l'aéroport?

Commande de nourriture et de boissons :
26. Puis-je voir le menu s'il vous plaît ? - Puis-je voir le menu, s'il vous plaît ?
27. Que recommandez-vous ? -Que recommandez-vous?
28. Je voudrais un café/thé, s'il vous plaît
29. Proposez-vous des plats végétariens/végétaliens ? - Avez-vous des plats végétariens/végétaliens ?
30. Le chèque, s'il vous plaît
31. Quel est le plat du jour ? -Quel est le plat du jour ?
32. Avez-vous des options sans gluten ? - Avez-vous des options sans gluten ?
33. Puis-je réserver une table pour [nombre de personnes] ? - Puis-je réserver une table pour [nombre de personnes] ?

Achats:
34. Combien cela coûte-t-il ? -Combien ça coûte?
35. Acceptez-vous les cartes de crédit ? -Acceptez-vous les cartes de crédit?

36. Avez-vous des réductions pour les touristes ? -Avez-vous des réductions pour les touristes ?
37. Puis-je l'essayer ? -Je peux l'essayer ?
38. Avez-vous ce produit dans une autre couleur/taille ? - Avez-vous ce produit dans une autre couleur/taille ?
39. Puis-je le retourner si je ne l'aime pas ? - Puis-je le retourner si je ne l'aime pas ?
40. Existe-t-il des remises ou des promotions spéciales ? - Y a-t-il des réductions ou des promotions spéciales ?

Touristique:
41. Quels sont les horaires d'ouverture ? -Quels sont les horaires d'ouverture ?
42. Combien de temps faut-il pour se déplacer dans cet endroit ? -Combien de temps faut-il pour explorer cet endroit ?
43. Puis-je prendre des photos ici ? -Puis-je prendre des photos ici ?
44. Des visites guidées sont-elles disponibles ? - Des visites guidées sont-elles disponibles ?
45. Existe-t-il des réductions pour les étudiants/seniors ? - Y a-t-il une réduction pour les étudiants/seniors ?
46. Ce lieu est-il accessible aux personnes à mobilité réduite ? - Ce lieu est-il accessible aux personnes à mobilité réduite ?
47. Quelle est l'histoire derrière ce monument/lieu ? - Quelle est l'histoire derrière ce monument/lieu ?
48. Où puis-je obtenir un plan de la ville ? -Où puis-je obtenir un plan de la ville ?

Urgence et sécurité :
49. Où se trouve le commissariat de police le plus proche ? -Où se trouve le poste de police le plus proche?
50. Comment puis-je me rendre à l'hôpital le plus proche ? -Comment puis-je me rendre à l'hôpital le plus proche ?
51. J'ai besoin d'une assistance médicale - J'ai besoin d'une assistance médicale
52. Où puis-je trouver un téléphone public ? -Où puis-je trouver un téléphone public ?
53. Est-il sécuritaire de marcher dans cette zone la nuit ? - Est-il sécuritaire de se promener dans cette zone la nuit ?
54. Quel est le numéro d'urgence ? -Quel est le numéro d'urgence ?
55. Puis-je appeler un taxi d'ici ? - Puis-je appeler un taxi d'ici ?

Transport:
56. Quels sont les horaires des bus/métro/tram ? - Quels sont les horaires des bus/métro/tram ?
57. Où puis-je acheter des billets ? -Où puis-je acheter des billets?
58. Combien coûte le billet pour [destination] ? - Combien coûte le billet pour [destination] ?
59. Combien de temps dure le voyage jusqu'à [destination] ? - Combien de temps dure le trajet jusqu'à [destination] ?
60. Où se trouve l’arrêt de bus/métro/tramway le plus proche ? - Où se trouve l'arrêt de bus/métro/tram le plus proche ?
61. Y a-t-il un service de location de vélos ici ? - Y a-t-il un service de location de vélos ici ?
62. Quel est le tarif d'un taxi d'ici à [destination] ? - Quel est le tarif d'un taxi d'ici à [destination] ?

Hébergement:

63. Avez-vous des chambres disponibles pour ce soir ? -Avez-vous des chambres disponibles pour ce soir ?
64. Quel est le prix par nuit ? -Quel est le prix par nuit ?
65. Y a-t-il une connexion wifi gratuite ? -Y a-t-il une connexion Wi-Fi gratuite ?
66. Proposez-vous le petit-déjeuner inclus ? -Proposez-vous le petit-déjeuner inclus ?
67. Existe-t-il un service de navette pour l'aéroport ? -Y a-t-il un service de navette aéroport ?
68. Les animaux domestiques sont-ils autorisés ? -Les animaux sont-ils autorisés ?
69. Avez-vous des chambres non-fumeurs ? -Avez-vous des chambres non-fumeurs ?
70. Puis-je m'enregistrer/départ plus tard ? - Puis-je m'enregistrer/départ plus tard ?

Lié à la plage :

71. Où puis-je louer un parasol/une chaise longue ? - Où puis-je louer un parasol/transat ?
72. Quelle est la température de l’eau ? -Quelle est la température de l'eau ?

73. ¿Hay salvavidas en la playa? - Y a-t-il des sauveteurs sur la plage ?
74. Quel est le drapeau de sécurité sur la plage aujourd'hui ? - Quel est le drapeau de sécurité sur la plage aujourd'hui ?

75. Où puis-je trouver un poste de ravitaillement ? -Où puis-je trouver un poste de secours ?
76. Des activités telles que la plongée en apnée ou la plongée sont-elles autorisées ici ? - Les activités comme la plongée en apnée ou la plongée sont-elles autorisées ici ?
77. Y a-t-il des douches publiques près de la plage ? -Y a-t-il des douches publiques près de la plage ?
78. Où puis-je acheter de la crème solaire ? -Où puis-je acheter de la crème solaire ?
79. Les feux de joie sont-ils autorisés sur la plage ? - Est-il permis de faire des feux de joie sur la plage ?
80. Existe-t-il une location d'équipement nautique comme des planches de surf ou des kayaks ? - Y a-t-il une location d'équipements de sports nautiques comme des planches de surf ou des kayaks ?
81. Quelles sont les heures d'ouverture et de fermeture de la plage ? - Quelles sont les horaires d'ouverture et de fermeture de la plage ?
82. Y a-t-il une aire de pique-nique désignée sur la plage ? - Y a-t-il une aire de pique-nique désignée sur la plage ?

Liés à la météo :
83. Quel temps fait-il aujourd'hui ? -Quel temps fait-il aujourd'hui?
84. Quelle est la température maximale/minimale pour aujourd’hui ? - Quelle est la température maximale/minimale pour aujourd'hui ?
85. Tu es un amoureux, aujourd'hui ? - Est-ce qu'il va pleuvoir aujourd'hui ?
86. Quelles sont les prévisions météorologiques pour les prochains jours ? -Quelle est la météo pour les prochains jours ?

87. Quelle est la meilleure période de l’année pour visiter Alicante ? - Quelle est la meilleure période de l’année pour visiter Alicante ?
88. Quels vêtements dois-je porter en fonction de la météo ? - Quels vêtements dois-je porter en fonction de la météo ?

Sites culturels et historiques :
89. Quelles sont les heures de visite du Musée Archéologique Provincial ? - Quelles sont les heures de visite du Musée Archéologique Provincial ?
90. Puis-je prendre des photos à l'intérieur du château de Santa Barbara ? -Puis-je prendre des photos à l'intérieur du château de Santa Barbara ?
91. Quelle est l'entrée la plus proche de la vieille ville de la ville ? - Quelle est l'entrée la plus proche de la vieille ville de la ville ?
92. Y a-t-il des événements culturels ou des festivals dans la ville pendant ma visite ? - Y a-t-il des événements culturels ou des festivals dans la ville lors de ma visite ?
93. Où puis-je trouver du street art à Alicante ? - Où puis-je trouver du street art à Alicante ?
94. Quelle est l'histoire derrière l'Explanada de España ? - Quelle est l'histoire de l'Explanada de España ?
95. Existe-t-il des visites guidées disponibles pour le Barrio de Santa Cruz ? - Des visites guidées sont-elles disponibles pour le quartier de Santa Cruz ?
96. Quelle est la meilleure façon d’explorer la route des châteaux d’Alicante ? - Quelle est la meilleure façon d'explorer la Route des Châteaux d'Alicante ?
97. Y a-t-il une célébration spéciale au feu de joie de San Juan ? - Y a-t-il une célébration spéciale au feu de San Juan ?
98. Où puis-je trouver des informations sur la Semaine Sainte à Alicante ? - Où puis-je trouver des informations sur la Semaine Sainte à Alicante ?

Vie nocturne et divertissement :

99. Quel est le meilleur endroit pour profiter de la vie nocturne à Alicante ? - Quel est le meilleur endroit pour profiter de la vie nocturne à Alicante ?

100. Y a-t-il un bar à tapas recommandé en centre-ville ? - Y a-t-il des bars à tapas recommandés en centre-ville ?

101. Quelles sont les heures de fermeture des bars et clubs ? - Quelle est l'heure de fermeture des bars et discothèques ?

102. Où puis-je écouter de la musique live ce soir ? -Où puis-je écouter de la musique live ce soir ?

103. Y a-t-il un spectacle de flamenco ce soir ? - Y a-t-il un spectacle de flamenco ce soir ?

104. Quel est le code vestimentaire dans les discothèques d'Alicante ? - Quel est le code vestimentaire dans les discothèques d'Alicante ?

105. Y a-t-il des films en version originale dans les cinémas de la ville ? - Y a-t-il des films en VO dans les cinémas de la ville ?

106. Où puis-je trouver des informations sur les événements culturels et les concerts ? - Où puis-je trouver des informations sur les événements culturels et les concerts ?

Coutumes et étiquette locales :

107. Quelle est la coutume locale pour saluer quelqu'un ? - Quelle est la coutume locale pour saluer quelqu'un ?

108. Est-il approprié de donner un pourboire dans les restaurants ? - Est-il approprié de laisser un pourboire dans les restaurants ?

109. Quelle est la bonne façon de demander l'addition dans un restaurant ? - Quelle est la bonne manière de demander l'addition dans un restaurant ?

110. Le marchandage est-il prévu sur les marchés de rue ? - Est-il prévu de marchander sur les marchés de rue ?
111. Quelle est l'heure typique de la sieste à Alicante ? - Quelle est l'heure typique de la sieste à Alicante ?
112. Y a-t-il des vêtements spécifiques que je dois porter lorsque je visite des lieux religieux ? - Y a-t-il des vêtements spécifiques que je dois porter lors de la visite de lieux religieux ?
113. Comment dit-on « s'il vous plaît » et « merci » en valencien ? - Comment dit-on « s'il vous plaît » et « merci » en valencien ?
114. Est-il approprié de saluer des inconnus dans la rue ? - Est-il approprié de saluer des inconnus dans la rue ?
115. Que dois-je éviter de faire pour éviter d'offenser la population locale ? - Que dois-je éviter de faire pour ne pas offenser la population locale ?

Excursions et excursions d'une journée :
116. Quelle est la meilleure excursion d'une journée au départ d'Alicante ? - Quelle est la meilleure excursion d'une journée au départ d'Alicante ?
117. Existe-t-il un tour à vélo autour de la ville ? - Y a-t-il des balades à vélo dans la ville ?
118. Où puis-je faire de la randonnée près d'Alicante ? -Où puis-je faire de la randonnée près d'Alicante ?
119. Quelle est la distance jusqu'à l'île de Tabarca et comment puis-je m'y rendre ? - Quelle est la distance jusqu'à l'île de Tabarca et comment puis-je m'y rendre ?
120. Est-il possible de visiter les grottes de Canelobre en transports en commun ? - Est-il possible de visiter les grottes de Canelobre en transports en commun ?

121. Où puis-je trouver des informations sur les excursions en bateau depuis Alicante ? - Où puis-je trouver des informations sur les excursions en bateau depuis Alicante ?

122. Y a-t-il une route des vins près d'Alicante que vous recommandez ? - Y a-t-il une route des vins près d'Alicante que vous recommanderiez ?

123. Quel est le meilleur endroit pour pratiquer des sports nautiques près d'Alicante ? - Quel est le meilleur endroit pour pratiquer l'eau.
du sport près d'Alicante?

124. Pouvez-vous visiter la ville d'Elche lors d'une excursion d'une journée au départ d'Alicante ? - Puis-je visiter la ville d'Elche lors d'une excursion d'une journée au départ d'Alicante ?

125. Où puis-je trouver des informations sur les excursions en train depuis Alicante ? - Où puis-je trouver des informations sur les excursions en train depuis Alicante ?

126. Quelle est la meilleure façon d'explorer la route des villes blanches d'Alicante ? - Quelle est la meilleure façon d'explorer la route des villages blancs d'Alicante ?

127. Existe-t-il une excursion guidée pour visiter les salines de Santa Pola ? - Existe-t-il des visites guidées pour visiter les salines de Santa Pola ?

128. Est-il possible de faire une excursion d'une journée au parc naturel de la Sierra de Mariola ? - Est-il possible de faire une excursion d'une journée au parc naturel de la Sierra de Mariola ?

129. Existe-t-il des visites gastronomiques comprenant une dégustation de produits locaux ? - Existe-t-il des visites gastronomiques incluant une dégustation de produits locaux ?

130. Quelles excursions peut-on faire depuis Alicante en transports en commun ? - Quelles excursions peut-on faire depuis Alicante en transports en commun ?
131. Où puis-je trouver des informations sur les excursions en quad près d'Alicante ? - Où puis-je trouver des informations sur les excursions en quad près d'Alicante ?
132. Quelle est la meilleure période de l'année pour faire des excursions dans le parc naturel du Montgó ? - Quelle est la meilleure période de l'année pour faire des excursions au parc naturel du Montgó ?

Divers:
133. Comment dit-on « eau » en espagnol ? - Comment dit-on « eau » en espagnol ?
134. Que signifie « merci » en anglais ? - Que signifie « gracias » en anglais ?
135. Combien de personnes vivent à Alicante ? -Combien de personnes vivent à Alicante ?
136. Quelle est la monnaie officielle de l'Espagne ? - Quelle est la monnaie officielle de l'Espagne ?
137. Quelle heure est-il actuellement à Alicante ? - Quelle heure est-il à Alicante en ce moment ?
138. Quels types de transports publics existe-t-il à Alicante ? - Quels types de transports publics sont disponibles à Alicante ?
139. Quel est le préfixe téléphonique d'Alicante ? - Quel est l'indicatif téléphonique d'Alicante ?
140. Comment dit-on « plage » en anglais ? - Comment dit-on « plage » en anglais ?

141. Quel est le plat typique d'Alicante ? - Quel est le plat typique d'Alicante ?
142. De quels documents ai-je besoin pour louer une voiture à Alicante ? - De quels documents ai-je besoin pour louer une voiture à Alicante ?
143. Quel est l'âge légal pour boire de l'alcool à Alicante ? - Quel est l'âge légal pour boire de l'alcool à Alicante ?
144. Où puis-je trouver des informations sur les événements culturels et les festivals à Alicante ? - Où puis-je trouver des informations sur les événements culturels et les festivals à Alicante ?
145. Quelle est la distance entre Alicante et Valence ? - Quelle est la distance entre Alicante et Valence?
146. Quelles activités de plein air pouvez-vous faire à Alicante ? - Quelles activités de plein air peut-on faire à Alicante ?
147. Quel est le meilleur point de vue pour profiter d'une vue panoramique sur la ville ? - Quel est le meilleur point de vue pour profiter d'une vue panoramique sur la ville ?
148. Quelle est la meilleure façon de se déplacer dans la vieille ville d'Alicante ? - Quelle est la meilleure façon de se déplacer dans la vieille ville d'Alicante ?
149. Que dois-je faire si je perds mon passeport à Alicante ? - Que dois-je faire si je perds mon passeport à Alicante ?
150. Quels sports nautiques sont populaires à Alicante ? - Quels sports nautiques sont populaires à Alicante ?

Conclusion

En conclusion, le guide de voyage d'Alicante a fourni un aperçu complet de cette ville magnifique et dynamique, offrant un aperçu de sa riche histoire, de sa culture diversifiée, de sa beauté naturelle époustouflante et de son atmosphère animée. Tout au long de ce guide, nous avons exploré les principales attractions, activités, hébergements, expériences culinaires et options de transport qui font d'Alicante une destination incontournable pour les voyageurs de tous intérêts et préférences.

L'un des principaux points forts d'Alicante est son charme historique, évident dans ses anciennes forteresses, ses musées et sa charmante vieille ville. Le château de Santa Barbara, en particulier, témoigne du passé riche de la ville et offre une vue panoramique inégalée sur la ville et la mer Méditerranée. De plus, les musées, tels que le Musée archéologique d'Alicante (MARQ) et le Musée d'art contemporain d'Alicante (MACA), mettent en valeur le patrimoine artistique et culturel de la ville, offrant aux visiteurs un aperçu précieux des traditions et de l'histoire de la région.

De plus, la beauté naturelle d'Alicante est vraiment captivante, avec ses plages immaculées, ses parcs pittoresques et ses paysages montagneux luxuriants. Les plages de la ville, dont Playa del Postiguet et Playa de San Juan, sont réputées pour leur sable doré et leurs eaux cristallines, ce qui les rend idéales pour bronzer, nager et pratiquer des sports nautiques. De plus, les superbes parcs naturels, tels que les salines de Santa Pola et le parc El Palmeral, offrent un refuge paisible aux amoureux de la nature et aux aventuriers du plein air à la recherche d'une évasion tranquille loin de l'agitation de la ville.

De plus, la scène culturelle dynamique et l'atmosphère animée d'Alicante se reflètent dans ses festivals annuels, sa vie nocturne animée et sa diversité culinaire. Les festivités traditionnelles de la ville, telles que les feux de joie de la Saint-Jean et le Festival des Maures et des Chrétiens, mettent en valeur l'esprit dynamique et le riche patrimoine culturel de la communauté locale. De plus, les bars, restaurants et bars à tapas animés de la ville sont parfaits pour savourer une cuisine espagnole authentique et s'imprégner de l'ambiance animée des rues de la ville.

En matière d'hébergement, Alicante offre un large éventail d'options pour tous les budgets et toutes les préférences, des complexes hôteliers luxueux en bord de mer aux hôtels-boutiques confortables et aux charmantes maisons d'hôtes. De plus, le système de transports publics efficace de la ville, comprenant des bus, des tramways et des trains, permet aux voyageurs de naviguer et d'explorer facilement Alicante et ses environs.

Dans l'ensemble, un voyage à Alicante promet une expérience inoubliable remplie de rencontres culturelles enrichissantes, de paysages naturels à couper le souffle et de nombreuses opportunités de détente et d'aventure. Qu'il s'agisse d'explorer les monuments historiques de la ville, de profiter du soleil sur ses plages immaculées ou de savourer sa délicieuse cuisine, les visiteurs seront assurément captivés par le charme et l'attrait de cette destination enchanteresse.

En conclusion, le guide de voyage d'Alicante constitue une ressource précieuse pour les voyageurs cherchant à profiter au maximum de leur visite dans cette ville captivante. Avec sa richesse d'informations et de conseils pratiques, le guide fournit un aperçu complet de tout ce qu'Alicante a à offrir, garantissant que les visiteurs peuvent planifier un voyage inoubliable rempli d'expériences mémorables et d'impressions durables. Que ce soit pour un week-end ou des vacances prolongées, Alicante est une destination qui promet de laisser une impression durable à tous ceux qui auront le plaisir d'explorer ses nombreux trésors.

Printed in France by Amazon
Brétigny-sur-Orge, FR

20545009R00051